JN428399

찐업주부의

최소한의 돈 공부

쩐업주부의 **최소한의 돈 공부**

초판 1쇄 발행 | 2026년 1월 30일

지은이 | 최문정
펴낸이 | 박영욱
펴낸곳 | 북오션

주 소 | 서울시 마포구 월드컵로 14길 62 북오션빌딩
이메일 | bookocean@naver.com
네이버블로그 | blog.naver.com/bookocean_rabbit
페이스북 | facebook.com/bookocean.book
인스타그램1 | instagram.com/bookocean777
인스타그램2 | instagram.com/supr_lady_2008
X | x.com/b00k_0cean
틱톡 | www.tiktok.com/@book_ocean17
유튜브 | 쏠쏠TV·쏠쏠라이프TV
전 화 | 편집문의: 02-325-9172 영업문의: 02-322-6709
팩 스 | 02-3143-3964

출판신고번호 | 제 2007-000197호

ISBN 978-89-6799-924-7(03320)

*이 책은 (주)북오션이 저작권자와의 계약에 따라 발행한 것이므로 내용의 일부 또는 전부를 이용하려면 반드시 북오션의 서면 동의를 받아야 합니다.
*책값은 뒤표지에 있습니다.
*잘못 만들어진 책은 구입하신 서점에서 교환해 드립니다.

찐업주부의

최소한의 돈 공부

"나답게 부자 되기 현실 재테크 플랜"

최문정 지음

북오션

들어가며

각자도생의 시대, 정신 바짝 차리자!

우리가 살아가는 일평생 동안 '돈'을 빼놓고 이야기할 수 있을까? 특히 성인이 되면, '돈'은 우리 삶에서 더는 피할 수 없는 존재가 된다. 취업의 본질부터가 돈을 벌기 위함이 아니던가. 그 이후에 이어지는 결혼, 출산, 육아 등 모든 과정에서 돈은 점점 더 처절하게 우리 삶을 파고든다. 특히 예비부부들은 결혼 준비를 하며 집을 알아볼 때, 돈 앞에서 초라해지는 순간을 꽤 겪게 된다. 게다가 인생의 마지막 관문인 노후대비 문제로 넘어가면 돈의 힘은 어마어마하게 커진다. 노후대비를 얼마큼 했느냐에 따라 남은 삶의 질이 그대로 결정된다. 이 시기가 되면 돈의 위력이 정말 무서울 정도다.

이렇게 우리는 젊어서나 나이 들어서나 평생 돈 걱정에서 벗어날 수 없다. 그리고 슬프게도 해를 거듭할수록 돈 걱정의 난이도가 올라가고 있다. 점점 사는 게 녹록지 않은 세상이 되고 있다. 어쩌다 이렇게 됐을까.

너무 거슬러 올라갈 거 없이, 불과 10여 년 전과 오늘을 비교해보면 시대가 많이 바뀐 게 단번에 느껴진다. 실제로 내가 결혼한 해가 지금으로부터 10여 년 전인 2014년인데, 그때와 비교해 취업, 결혼, 출산, 육아, 노후대비 등의 난이도가 끝도 없이 올라간 느낌이다. 물론 이 중에서 결혼, 출산, 육아가 필수는 아니더라도, 이게 '선택'의 영역이 아니라 감당할 수 없는 서울과 수도권의 집값 등으로 인해서 '외면'과 '포기'의 영역이 되어가는 건 문제가 된다.

10년 전과 지금을 비교하면, 그때만 해도 서울 외곽의 괜찮은 아파트는 3~4억이면 살 수 있었다. 그런데 당시 1억을 가지고 신혼을 시작한 우리 부부에게 3~4억은 너무나 큰돈처럼 느껴졌고, 과연 언제쯤 저런 아파트를 살 수 있을까 막막하기도 했다. 그런데 요즘 아파트값은

10억도 우스운 금액이 되었고, 실제로 지금 서울의 아파트 '평균'값이 11억 2,464만 원이다. 평균값은 비싼 아파트들이 다 포함돼서 올라가는 함정이 있다고 한다. 그렇다면 서울의 모든 아파트를 줄 세웠을 때 중간값의 아파트 가격은 얼마일까? 놀라운 사실은 중간값만 해도 8억 8,800만 원이라는 거다. 지금 우리가 사는 시대가 이렇다. 서울의 고급스럽고 좋은 집이 아니라 중간 정도 되는 평범한 집 한 채를 마련하려고 해도 10억 정

서울 아파트 평균가격(단위: 원) (출처:한국부동산원)

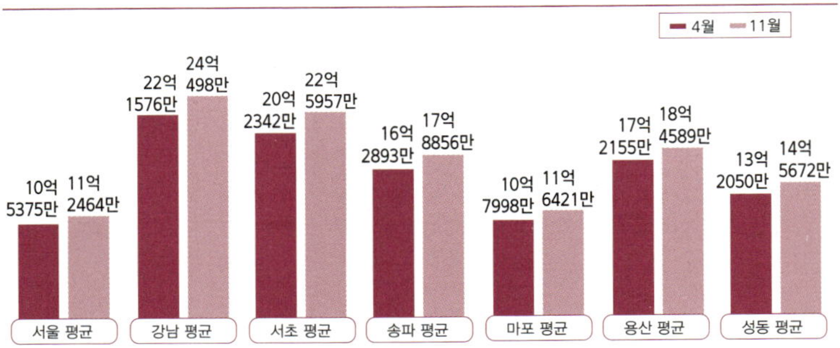

서울 아파트 중위가격(단위: 원) (출처:한국부동산원)

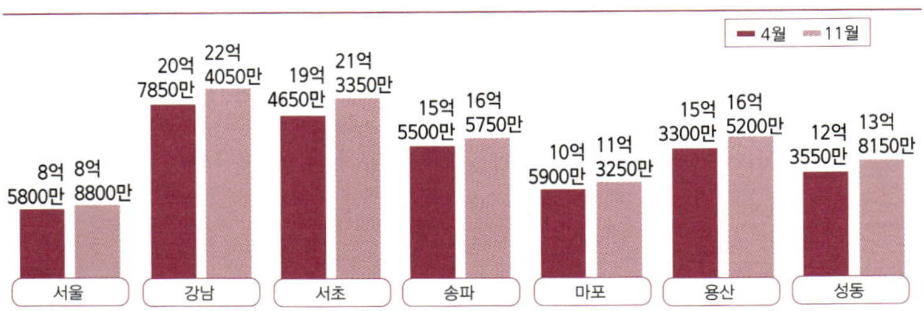

기준일	84/59.98㎡ 매매가(만 원)			84/59.98㎡ 전세가(만 원)		
	하한가	상한가	평균변동액	하한가	상한가	평균변동액
2014.10.01	82,000	90,000	-	68,000	72,000	-
2014.09.01	82,000	90,000	▲500	68,000	72,000	▲3,500
2014.08.01	82,000	89,000	-	63,000	70,000	-
2014.07.01	82,000	89,000	-	63,000	70,000	-
2014.06.01	82,000	89,000	-	63,000	70,000	-
2014.05.01	82,000	89,000	▲2,000	63,000	70,000	-
2014.04.01	80,000	87,000	-	63,000	70,000	-
2014.03.01	80,000	87,000	-	63,000	70,000	-
2014.02.01	80,000	87,000	-	63,000	70,000	▲500
2014.01.01	80,000	87,000	-	63,000	69,000	▲1,000
2013.12.01	80,000	87,000	-	63,000	67,000	-
2013.11.01	80,000	87,000	-	63,000	67,000	-
2013.10.01	80,000	87,000	-	63,000	67,000	-

2024년 11월 기준 반포자이 아파트 25평 시세 월별 비교 (출처: 네이버블로그)

도가 필요하다. 가끔 아파트값을 보면 이게 정말 맞는 숫자인지 생각할 때가 많다. 그런데 10년 전인 2014년만 해도 현재 중간값인 8억 8,800만 원으로 그 유명한 반포자이 25평을 살 수 있었다.

10년 만에 세상이 이렇게 바뀌어버렸다. 그렇다면 이런 시대를 살아가는 우리는 지금 어떻게 해야 할까? 그저 넋 놓고 있어야 할까?

이런 고민으로부터 이 책이 시작됐다. 월급만으로는 답이 없고 평범한 내 집 하나 마련하는 게 평생 꿈이자 목표가 된 시대. 집 하나 장만하려면 월급으론 부족해서 투잡, 쓰리잡, N잡까지 뛰어가며 자본주의 사회에서 도태되지 않기 위해 부단히 노력해야 하는 시대. 말 그대로 개인이 '각자도생'해야 그나마 자본주의 시스템 안에서 '생존'이 가능한 시대. 이런 시대에 사는 우리는 도대체 재테크를 어떤 식으로 해나가야 할까?

지난 10년간 나도 이 길이 맞는지 늘 고민하며 정답을 두고 헤맸다. 그때 누군가 앞으로 10년 동안 내가 가야 하는 길을 보여줬더라면 조금 덜 불안하고 힘들었을 텐데 하는 생각이 든다. 여전히 내가 가야 하는 길은 멀지만, 지난 10년 동안 한순간도 빠짐없이 돈에 진심이었고 누구보다 열심히 돈을 공부했다. 그런 의미로 이 책이 10년 전 나처럼 길이 보이지 않아 막막한 누군가에게 어두운 길을 밝혀주는 반딧불이가 되길 바라는 마음으로 책을 썼다. 답답한 누군가에게 돈 걱정을 조금이나마 덜어줄 수 있는 작은 위안이 되길 바라는 마음도 담았다.

사실 재테크라는 건 알고 보면 방법론적으로는 어렵지 않다. 딱 세 가지만 잘하면 된다. 덜 쓰기, 더 벌기, 불리기. 다시 말하면 '절약'해서 종잣돈을 모으고, '부수입'이나 본업의 극대화로 소득을 최대한으로 늘리고, 마지막으로 부동산이든 주식이든 자신에게 맞는 방식으로 '투자'

를 해서 종잣돈을 불리면 되는 것이다. 방법을 몰라서 부자가 되지 못하는 사람은 없다. 그저 꾸준한 실천이 어려울 뿐. 그래서 이 책에서는 지난 10년 동안 내가 실제로 직접 해보고, 또 시행착오도 겪어가면서 얻은 정말 실질적으로 도움이 되는 노하우를 담으려고 노력했다. 더불어서 자수성가 부자들을 직접 인터뷰하면서 느낀 '부'에 대한 인사이트도 최대한 곳곳에 녹여보았다.

책을 시작하기에 앞서서 한 가지, 만약 흔히 말하는 '부의 추월차선'이 궁금해서 이 책을 열었다면 죄송하지만 덮어주셔야 할 것 같다. 젊은 나이에, 또 단기간에 빠르게 부자가 되는 부의 추월차선 같은 건 나도 참 알고 싶은데 안타깝게도 아직 발견하지 못했다. 다만, 평범한 우리가 부의 추월차선은 타지 못해도 경로를 벗어나 가난의 추월차선을 타는 불상사는 막아야 하지 않겠는가, 그리고 적어도 부의 서행차선으로 가야 하지 않겠나 하는 마음으로 책을 썼다. 이런 마음으로 오늘도 천천히 꾸준히 그 길을 가고 있는 한 사람으로서 이 책이 부의 서행차선을 따라서 쭉 안전하게 갈 수 있는 안내지침서가 되었으면 한다.

먼저, 1장에서는 '부자의 기준'에 대해서 이야기했는데, 100억, 1,000

억 이런 와닿지도 않는 숫자가 아닌, 정말 현실적인 자신만의 재테크 목표를 정하는 데 도움이 되도록 했다.

2장에서는 재테크의 첫걸음이라고 할 수 있는 '1억 모으기'에 대한 찐 노하우를 정말 탈탈 털었다. 자산 가치의 상승으로 돈의 가치가 떨어지다 보니 누군가는 1억 모으기 뭐 금방 할 수 있는 거 아니야 할 수 있지만, 0원에서 1억까지 모으려면 굉장히 크게 느껴진다. 신혼 초 집을 마련하면서 생긴 1억이라는 빚을 갚기 위해서 고군분투하면서 체득한 팁들을 총망라했다.

3장에서는 '월급 외 100만 원 만들기'를 다뤘는데, SNS를 통해서 부수입을 창출하는 방법들이다. 실제로 우연한 계기로 SNS를 조금 일찍 접한 나는 지난 10년 동안 SNS를 활용하고 있는데, 그 10년의 경험을 토대로 나에게 맞는 SNS는 어떤 것인지 살펴볼 수 있도록 SNS별 특징과 활용법을 담았다.

마지막 4장은 '재테크의 꽃, 투자'에 대한 이야기인데, 이 부분은 제대로 다루고자 하면 워낙 내용이 방대하고 또 조심스러운 부분이 있는 게 사실이다. 하지만 개인적으로 추구하는 투자 방향이 '단기간에 급등'하는 쪽보다는 '시간이 걸리더라도 안전하고 건강한 투자'이기 때문에 부동산과 주식 투자에 있어서 알아두면 좋을 기본적인 투자 원칙들을 담았다.

각자도생의 시대다. 정신 바짝 차리고 이 자본주의 사회에서 살아남아 보자.

차례

들어가며

- 각자도생의 시대, 정신 바짝 차리자! … 4

1장 - 부자의 기준

1. 재테크의 시작은 목표 정하기부터! … 18
2. 순자산 10억은 상위 몇 %일까? … 22
3. 요즘은 10억이 있어도 부자가 아니라고? … 30
4. 슈퍼 리치, 대한민국 상위 1%와 0.1%의 자산은? … 37
5. 얼마가 있어야 돈 걱정 없이 살 수 있을까? … 47
6. 결국 중요한 것은 월 현금흐름이다! … 53

2장 -1억 모으기

1. 1억을 모으는 게 중요한 이유 … 62
2. 100만 원을 100번 모으면 1억! … 68
3. 고·변·연! 세 가지를 파악하자! … 71
4. 고정비 줄이기가 절약의 첫걸음! … 76
5. 신용카드를 잘라야 할까? … 98
6. 취향도, 취미도 모두 바꿔야 한다 … 103
7. 초라하지 않은 절약의 기술 … 110
8. 고생한 나에게 달콤한 보상을 주자 … 114
9. 절약, 시작이 빠를수록 유리하다 … 118

3장 - 월급 외 백만 원 만들기

1. 월급만으로는 살기 힘든 세상 … 124

2. 부수입이 가능한 SNS 플랫폼, 어떤 게 있을까? … 127

3. 특별한 재능 없이도 시작할 수 있는 SNS 부업 … 133

4. 블로그로 수익 만들기 … 142

5. 바쁜 당신에게 추천!
   짧은 시간으로 운영하는 인스타그램 … 151

6. 퍼스널 브랜딩과 장기적 수익, 유튜브가 답이다 … 161

7. 왜 내 SNS는 돈이 안 될까? … 173

8. 부업이 본업이 되기를 꿈꾸지는 말자 … 176

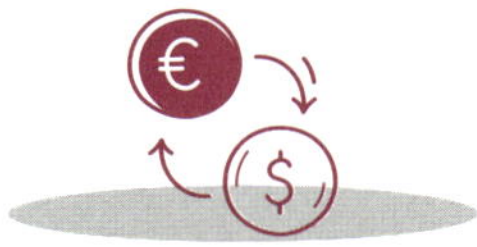

4장 - 재테크의 꽃, 투자

1. 지금 나의 결정이 10년 뒤 내 인생을 바꾼다! … 182
2. 부동산? 주식? 재테크에 정답은 없다 … 186
3. 초보라면 부동산은 똘똘한 한 채, 주식은 미국 지수 추종 ETF! … 191
4. 주식은 일단 소액으로 사보자, 그게 최고의 공부법이다 … 198
5. 우량주 장기 투자? 지수 추종 ETF? 배당주 투자? 도대체 뭘 해야 되지? … 204
6. 미국 주식, 우량주 장기 투자 VS 지수 추종 ETF 투자 … 210
7. 배당주, 국내 배당주 VS 미국 배당주 … 218
8. 짜릿한 3배 레버리지 ETF 투자, 어떻게 해야 할까? … 228
9. 개별 종목 투자, 종목 발굴은 어떻게 하지? … 236
10. 반드시 지켜야 할 주식 투자 원칙 … 240
11. 본업으로 바쁜 와중에 경제 흐름을 살펴보는 방법 … 248

마치며

- 결국 '일단 시도'하고 '꾸준히' 하는 것이 답이다 … 252

Goals
1.
2.
3.
Action

1장

부자의 기준

1 재테크의 시작은 목표 정하기부터!

누구나 한 번쯤 '부자'가 되기를 꿈꾼다. 그렇다면 얼마를 가지고 있어야 부자일까? 얼마쯤 있으면 돈 걱정하지 않고 살 수 있을까? 요즘처럼 하루가 다르게 자산 가치가 변하는 세상에서 부자의 기준은 점점 더 모호해지고 있다. 그러다 보니 재테크를 시작할 때 어느 정도의 자산을 목표로 삼아야 할지 정하기가 어렵다.

예전에는 평범한 사람 기준으로 10억 정도면 평생 먹고살 수 있겠다는 데 크게 이견이 없었다. 실제로 내가 처음 재테크를 시작하던 때, '10년 안에 10억 만들기'라는 슬로건을 내건 〈텐인텐〉이라는 이름의 카페가 성행했다. 그때 10억은 많은 사람이 수긍할 만한 아주 큰 금액이었다. 그런데 지금 누군가 은퇴 자금으로 10억을 말한다면 의아한 사람이 더 많을 것이다.

그렇기에 재테크를 해보기로 마음먹었을 때 목표 금액을 정하는 일부터 어려움을 겪게 된다. 막연하게 10억을 이야기하는 사람도 있고, 100억이라는 어마어마한 목표를 세우는 사람도 있다. 그런데 재테크는 장기레이스라서 얼마 동안 얼마를 모으겠다는 아주 구체적인 목표가 중요하다. 그래야 긴 호흡에서 쉽게 지치지 않는다.

재테크를 하는 과정에서는 참고 절제해야 하는 게 참 많다. 그러다 보니 어느 순간 "내가 이렇게 열심히 아끼고 모으고 투자해서 10억을 만들어도 내가 원하는 삶은 살 수 없네?" 흔히 말하는 "서울에 좋은 아파트 한 채도 못 사잖아?" 이런 마음이 스멀스멀 올라올 때가 있을 것이다. 이런 식으로 목표 금액을 대충 잡아놓으면 그 금액으로 내가 원하는 삶을 살 수 있다는 강력한 동기부여가 되지 않기 때문에 "이럴 바엔 그냥 쓰고 살자"와 같은 합리화도 쉽게 이루어진다. 한마디로 포기가 쉬워진다.

또 100억을 목표로 삼으면 목표 지점이 너무 멀게 느껴지다 보니 과연 내가 완주할 수 있는지 의심이 들면서 포기하기 쉬워진다. 그리고 더 위험한 건 100억이라는 큰 목표에 빨리 도달하고 싶은 마음에 정석이 아닌 변칙적인 투자에 귀가 솔깃해져서 위험한 상황에 빠진다거나, 또는 처음부터 좋지 못한 투자 습관을 들이게 되는 경우이다. 그래서 시작부터 제대로 된 재테크 목표를 세우는 게 정말 중요하다.

그렇다면 "이 정도면 부자다"라는 기준이 있는 걸까? 물론 그건 아니다. 부의 기준이라는 건 상대적이라서 확실한 수치가 있다면 과거 〈텐인텐〉의 유행처럼 많은 사람이 알고 있을 거다. 다만 여러 가지 자료들을 통해서 나한테는 이 정도 자산이면 알맞겠다 또는 이 정도 자산소득이면 되겠다 하는 기준을 세워볼 수 있다. 사람마다 거주 지역이 다르고, 1인 가구인지 혹은 여러 명이 함께 사는 가구인지에 따라 생활비는 천차만별이다. 무엇보다 각자가 가진 욕망의 크기 또한 제각각이라서 누구나 똑같이 "이 정도 자산에 매월 이만큼의 자산소득이면 충분하다"라고 말할 수 있는 절대적 기준은 존재하지 않는다.

그리고 똑같은 자산을 가지고 매달 비슷한 수준의 수입이 들어온다고 해도, 상황에 대한 만족감은 사람마다 다르게 느껴질 수 있다. 특히 지금은 굶지 않고 사는 것만으로 충분한 시대가 아니라서 사람들이 부를 통해 이루고자 하는 삶의 모습도 매우 다양하다. 누구는 문화생활도 즐기고, 해외여행도 가고, 골프도 치는 정도의 부를 원하지만, 다른 한편에선 지긋지긋한 회사만 그만둘 수 있다면 여가생활보다 자유를 택하겠다고 할 수 있다.

그래서 무엇보다 중요한 건 절대적 기준이 아니라 '나'만의 목표, 나만의 골인 지점이다. 물론 목표를 잘 세우기 위해서 다양한 자료를 통해서 자산과 자산소득에 관한 객관적인 수준을 확인하는 과정이 필요하다. 여기서 자산소득이라는 건 말 그대로 '내가 소유한 자산을 타인이 사용한 대가로 받은 순수입'으로 흔히 말해서 일하지 않아도 발생하는 불로소득을 의미한다. 여기에는 보통 임대소득, 이자소득, 배당소득, 연금소득, 기타 상표 사용료, 인세, 특허권 사용료 등이 포함된다.

재테크 목표를 세울 때 보통은 자산의 크기에만 집중하는 경우가 많다. 그러나 많은 사람이 꿈꾸는 경제적 자유를 위해서는 자산소득이 굉장히 중요하다. 반드시 이 두 가지를 고려해서 계획을 세워야 한다. 다행히 각종 공공기관과 금융기관에서 매년 우리가 알아두면 좋을 만한 자산과 자산소득에 관한 내용을 발표해주고 있다. 정말 다양한 보고서가 있지만, 이 중에서 여러분이 재테크 목표를 세우기 전에 살펴보면 좋을 내용만 모아서 소개하려고 한다. 이를 통해 각자의 목표 지점을 잘 세우길 바란다.

2 순자산 10억은 상위 몇 %일까?

먼저, '10억'의 가치가 어느 정도인지 정확히 짚어볼 필요가 있다. 한때 재테크를 시작하는 많은 사람의 목표 금액이 10억이었다. 실제 내가 인터뷰했던 자수성가 부자 중에서도 처음 목표 금액이 10억인 사람이 많았다. 하지만 십여 년이 지나 사람들이 체감하는 10억의 가치도 달라졌다. 일각에선 그래도 10억은 여전히 거액이라는 반응이 있었지만, 요즘 10억으론 서울의 집 한 채도 못 사는 돈이라는 사람들이 생겨난 것이다. 짧은 시간에 자산 가치가 워낙 크게 바뀌면서 사람들의 의견이 팽팽하게 나뉘고 있다.

이런 경우 내 주변만 둘러보고 세상을 판단하기보다 객관적인 자료를 통해 전체적인 현황을 제대로 파악하는 게 중요하다고 생각한다. 그래서 나는 매년 연말이면 통계청에서 발표하는 '가계금융복지

조사'라는 자료를 살펴본다. 이 자료는 통계청에서 매년 가구당 자산, 소득, 지출, 부채 등 자산 현황을 조사한 것으로 이 자료를 보면 0원부터 10억대까지 구간별로 대한민국에서 상위 몇 퍼센트에 해당하는지 기준선을 확인해볼 수 있다.

2022년

2023년

2024년

(출처:통계청)

놀랍게도, 2024년 연말에 발행된 가장 최신 자료에 따르면 대한민국에서 순자산 10억 이상인 가구는 전체의 10.9%다. 쉽게 말해, 100가구 중 약 11가구가 여기에 해당하는 셈이다. 과거보다 10억의 가치가 많이 희석된 느낌이다. 100가구 중 단 1가구가 아닌 11가구나 10억 이상을 보유하고 있다 보니 이들을 보고 "와, 부자다"라고 쉽게 말하기 어려운 세상이 된 것이다. 하지만 한편으로는 모두가 억

대를 말하며 10억을 당연하게 여기는 분위기에 비하면, 순자산 10억 이상인 가구가 생각보다 많지 않다는 생각도 든다. 누구나 10억쯤은 가진 것처럼 느껴지지만, 실제로 뚜껑을 열어보면 그렇지 않다는 것을 알 수 있다.

참고로 순자산이 9억 이상인 가구는 13.2%, 8억 이상은 15.9%, 7억 이상은 19%로, 7억 이상만 되어도 상위 20%에 속한다. 6억 이상은 22.6%, 5억 이상은 27.5%로, 5억 이상만 되어도 대략 상위 30% 안에 드는 셈이다. 아마 많은 분이 생각했던 것과 달리 5억 이상, 또는 7억 이상만 되어도 순위가 꽤 높다는 사실에 놀랐을 것이다.

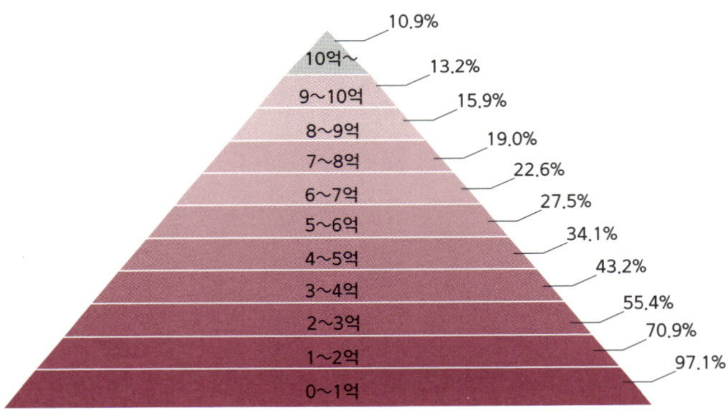

이쯤 되면 대한민국 평균의 가구가 궁금해진다. 2024년 3월 기준으로 가구당 평균 순자산은 4억 4,894만 원으로 대략 4억 5천만 원의 순자산이 있으면 대한민국 평균이다. 5억도 아니고 4억 5천이다.

구체적으로 살펴보면 평균 자산 5억 4,022만 원, 부채는 9,128만 원이고, 평균 소득은 7,185만 원인 가구가 대한민국 평균이다. 각종 SNS를 통해서 전시되는 삶을 살고 있다 보니 모두 부자처럼 보이지만, 실상은 그렇지 않다는 걸 잘 보여준다.

이처럼 객관적인 수치로 보여주는 통계 자료를 통해서 자산규모에 대한 현실적인 감을 잡는 게 굉장히 중요하다. 그래야 뜬구름 잡지 않고 현실에 기반해서 제대로 된 재테크 목표를 세울 수 있다.

물론 이 자료는 2만여 가구를 전화로 표본 조사한 것이다 보니, 결과에 약간의 오차가 있을 수 있다. 또 '전국' 단위의 조사이기 때문에 서울 및 수도권에 거주하는 사람에게는 통계 결과가 체감하는 것과 많이 다르게 느껴질 수 있다. 하지만 우리는 서울민국이 아니라 대한민국에 살고 있기에 시야를 넓혀서 전국 단위의 자산 규모를 알아둘 필요가 있다.

또 하나 주목할 점은, 2020년 코로나19 팬데믹 이후 자산 시장의 가격 변동이 뚜렷하게 나타났다는 것이다. 이에 따라 2020년부터 최근까지의 자산 구간별 가구 분포 변화를 한눈에 살펴볼 수 있도록 정리했다. 실제로 우리가 체감했던 것처럼, 팬데믹 시기를 거치며 자산 가치가 상당히 상승한 것이 수치로도 명확히 드러난다. 2020년 3월 말 기준으로 순자산 10억 이상을 보유한 가구는 전체의 7.2%였지만, 불과 2년 뒤인 2022년 3월 말에는 그 비율이 11.4%로 증가했다. 또 평균 순자산도 같은 기간 동안 약 9천만 원 이상 상승했는데, 2020년에는 3억 6,287만 원이었던 평균 순자산이 2022년에는 4억 5,602만 원까지 늘어났다.

	2020	2021	2022	2023	2024
10억이상	7.2%	9.4%	11.4%	10.3%	10.9%
9억~10억	8.8%	11.5%	13.7%	12.7%	13.2%
8억~9억	10.9%	13.9%	16.9%	15.3%	15.9%
7억~8억	13.6%	17.2%	20.4%	18.5%	19.0%
6억~7억	17.0%	21.3%	24.3%	22.3%	22.6%
5억~6억	21.8%	26.1%	29.4%	27.3%	27.5%
4억~5억	28.5%	32.8%	36.0%	33.8%	34.1%
3억~4억	37.8%	41.2%	44.4%	42.6%	43.2%
2억~3억	50.5%	53.7%	55.8%	55.0%	55.4%
1억~2억	67.9%	69.6%	70.6%	70.5%	70.9%
0원~1억	96.7%	96.9%	96.9%	97.2%	91.1%
0원 미만	100%	100%	100%	100%	100%

연도별 자산 구간별 가구 분포 (참조: 가계금융복지조사결과)

우리가 매년 이런 자료를 확인하는 이유는 예년과 자산이 같아도 그해 가치 변동에 따라 상대적 가치가 7%에서 11%로 떨어졌을 수도 있기 때문이다. 또 내 자산이 3억 6천에서 4억 5천으로 거의 1억 가까이 올라 좋아했지만, 위에서 본 대로 절대적 금액이 올라도 여전히 내 자산의 가치는 대한민국 평균 수준으로 상대적 가치는 변동이 없는 상태일 수도 있다.

이런 통계 자료는 보는 사람에 따라 속상할 수도, 만족스러울 수 있다. 그러나 어느 쪽이든 재테크 측면에서 한 단계 발전하고 자산을 성장시켜 나가는 데 도움이 되는 과정임에는 분명하다. 그렇기에 정기적으로 현재 내 자산의 위치를 객관적으로 확인하는 시간을 가지는 게 좋다.

나의 순자산 계산하는 법

대분류	중분류	세분류	세세분류	세부항목
자산	금융자산	저축액	적립·예치식 저축	·현금과 입출금이 자유로운 저축(당좌수표 포함) ·적립식 및 예치식 형태의 저축 ·적립식 및 예치식 형태의 펀드 ·저축성 보험 또는 만기에 일정금액을 받는 보장성 보험 ·주식, 채권, 선물, 옵션 등
			기타저축	·빌려준 돈, 임차 보증금, 낸 곗돈
		전·월세 보증금	전세보증금	·전세보증금
			월세보증금	·월세보증금
	실물자산	부동산	거주주택	·단독, 아파트, 연립, 다세대, 비거주용 건물 내 주택, 오피스텔, 기타
			거주주택 이외 부동산	·단독, 아파트, 주거용 건물(연립, 다세대 등) 비주거용 건물(상가, 빌딩 등) 토지, 해외부동산, 기타 부동산
			계약금·중도금	·단독, 아파트, 주거용 건물(연립, 다세대 등) 비주거용 건물(상가, 빌딩 등) 토지, 해외부동산, 기타 부동산
		기타 실물자산	자동차	·자동차
			기타	·자영업자 설비와 재고 자산, 건설용과 농어업용 장비, 동물과 식물, 회원권(골프, 콘도 등), 귀중품, 고가내구재(현재 시가 300만 원 이상), 차량(오토바이, 보트 등), 권리금, 기타(지적재산권 등)
부채	금융부채		담보대출	·형태: 거주주택, 거주주택 이외 주택, 주택이외 부동산, 예금·적금·보험·펀드·채권, 기타(전세권, 자동차 등)
			신용대출	·마이너스통장 포함
			신용카드 관련 대출	·현금서비스, 카드론, 대환대출 등
			외상 및 할부	·외상, 할부, 카드 선포인트 할부등 미결제 잔액(일시불 신용카드 미결재액 제외)
			기타부채	·곗돈을 탄 후 낼 금액 ·개인, 직장 등으로 부터 빌린 돈
	임대보증금		거주주택 임대	·거주주택의 일부를 임대
			거주주택 이외 임대	·거주주택 이외 주택이나 건물, 토지임대

(출처: 통계청–가계금융복지조사)

재테크 왕초보라면 여기에 나오는 용어들이 생소할 수 있다. 순자산은 어떤 걸 말하는지, 또 자산과 부채에는 어떤 게 포함되는 건지. 예를 들면 "자동차는 자산에 들어가는 걸까?" 같은 것 말이다. 먼저 순자산은 말 그대로 자산에서 부채를 뺀, 대출을 제외하고 순수하게 내가 가진 자산을 의미한다. 쉽게 말해서 10억짜리 집을 자가로 소유하고 있는데 그중에 3억이 대출이라면 순자산은 7억이 된다.

그럼 자산에는 어떤 게 포함될까? 자산은 크게 금융자산과 부동산, 기타 실물자산으로 나눌 수 있다. 금융자산에는 은행에 있는 돈, 주식 계좌에 있는 돈과 전·월세 보증금 정도가 포함된다. 이때 빌려준 돈과 곗돈까지 포함되는 게 특징이다. 부동산은 거주주택과 그 외 부동산 등이 포함되고 기타 실물자산에는 자동차가 들어간다. 이외에 골프, 콘도 회원권, 귀중품 등 한마디로 돈이 될 만한 값어치 있는 웬만한 건 다 자산에 포함된다.

그러면 부채에는 어떤 게 있을까? 먼저 금융부채로는 주택담보대출 등의 담보대출과 마이너스통장을 포함한 신용대출, 현금서비스, 카드론 등 신용카드 관련 대출과 할부 등이 모두 포함된다. 또 부동산을 임대함으로써 발생하는 임대보증금도 부채 범위에 들어간다.

더 자세한 내용은 옆의 표를 참고하시기 바란다. 어디까지 자산에 포함해야 하나 고민될 때 옆의 표를 참고해서 우리 가정의 순자산을 꼼꼼하게 계산해보아야 한다. 뭐니 뭐니 해도 나의 자산 점검이 재테크 첫걸음이다.

3 요즘은 10억이 있어도 부자가 아니라고?

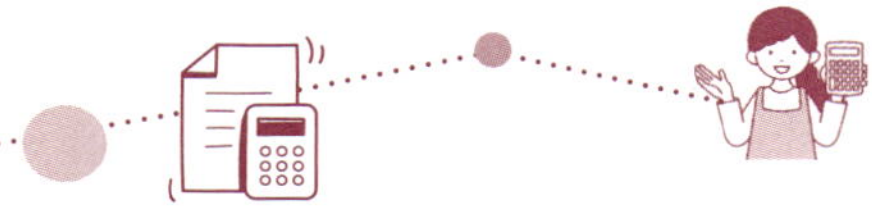

요즘 시대 10억의 가치에 대해서 객관적으로 살펴봤다. 수치를 통해서 확인했지만 100가구 중에서 1가구도 아니고 11가구나 가지고 있는 자산 수준에 부자라는 타이틀을 달기란 애매하다. 또 누구나 꿈꾸는 경제적 자유를 이룰 수 있는 자산 규모라고 보기에도 무리가 있다. 그렇다면 요즘 시대에 맞는 부자의 기준은 어떤 걸까? 정해진 정의는 없지만, KB경영연구소에서 매년 '한국부자보고서'를 통해 꽤 현실적인 부자의 기준을 제시하고 있다. 과연 이곳이 정의한 '한국 부자'란 어떤 사람일까?

KB경영연구소에서 제시한 기준에 맞는 한국 부자는 금융자산(현금 및 예·적금, 보험, 주식, 채권 등의 금융투자상품에 예치된 자산의 합) 10억 이상을 보유한 개인이다. 얼핏 들어도 수긍이 되는 수치

(출처: KB금융그룹 『한국 부자 보고서』)

다. 우리나라의 자산 대부분은 부동산에 집중되어 있는데 부동산을 제외한 금융자산이 10억인 사람은 주변에서 쉽게 보기 힘들다. 실제 조사 결과를 봐도 금융자산을 10억 이상 보유한 개인은 24년도 조사 기준 46만 1천 명으로, 한국 전체 인구 대비 1%가 되지 않는, 0.9%

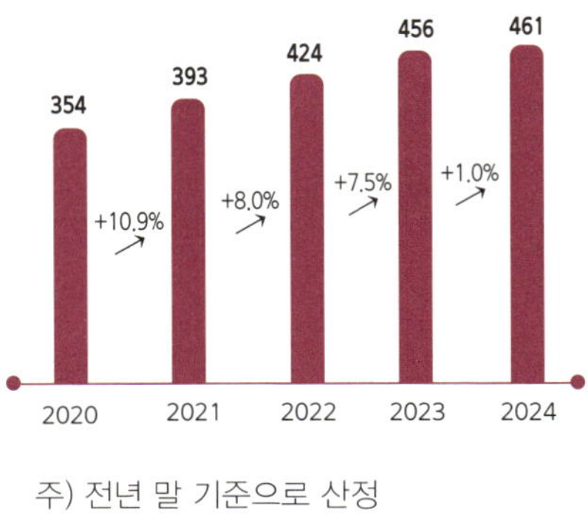

한국 부자수 추이 (단위: 천 명) (출처: KB금융그룹 『한국 부자 보고서』)

정도이다. 이 정도면 누가 봐도 인정할 만한 한국 부자의 기준이다.

이때, 이런 질문이 나올 수 있다. "금융자산만 10억이 있을 수도 있지 않나? 그럼 순자산 10억을 가진 것과 뭐가 다르나?"라고 말이다. 그래서 금융자산이 10억 이상인 부자들의 자산 구성을 살펴봤다. 이들은 전체의 55.4%는 부동산으로, 38.9%는 금융자산으로 가지고 있었다. 쉽게 말해 집도 있고 금융자산도 있었다. 결국, 보고서를 토대로 보자면 집과 10억이 있는 사람을 한국 부자라고 정의할 수 있다.

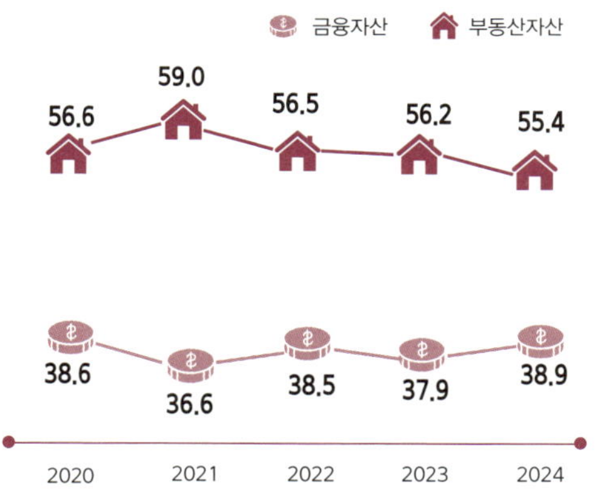

주1) 중간값 기준. 기타는 그래프에서 제외
주2) 각년도 n=400

자산 구성비 추이 (단위: %) (출처: KB금융그룹 『한국 부자 보고서』)

부의 기준은 지극히 상대적이기 때문에 위에서 언급한 한국 부자의 기준에 동의하는지는 우선 차치하고 이런 부자들이 어떻게 지금의 부를 이룰 수 있었는지, 이들이 부를 일궈온 과정을 알아보려고 한다. 아무래도 사람들이 부자들에게 가장 궁금한 부분이 '어떻게' 부자가 되었는지다. 이들은 어떻게 이런 부를 이루게 되었을까? 안타깝지만 많은 사람들이 여기에 대한 답으로 부모로부터 물려받았다고 생각할 것이다.

"시작부터 나랑은 달랐을 거야."

"집 하나는 받았겠지."

만약 정말 부를 이루는 방법이 부모뿐이라면 우리는 지금 이 책을 읽을 필요가 없다. 하지만 다행히도 한국 부자의 32.8%가 현재 부를 이룰 수 있었던 주된 방법으로 '사업수익'을 꼽았다. 두 번째가 '부동산투자'로 전체의 26.3%를 차지했다. 물론 상속과 증여도 18.3%를 차지

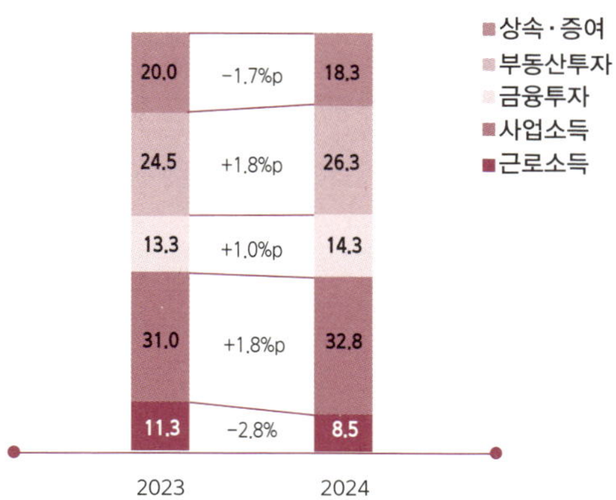

한국 부자가 뽑은 부의 원천 (단위: %) (출처: KB금융그룹 『한국 부자 보고서』)

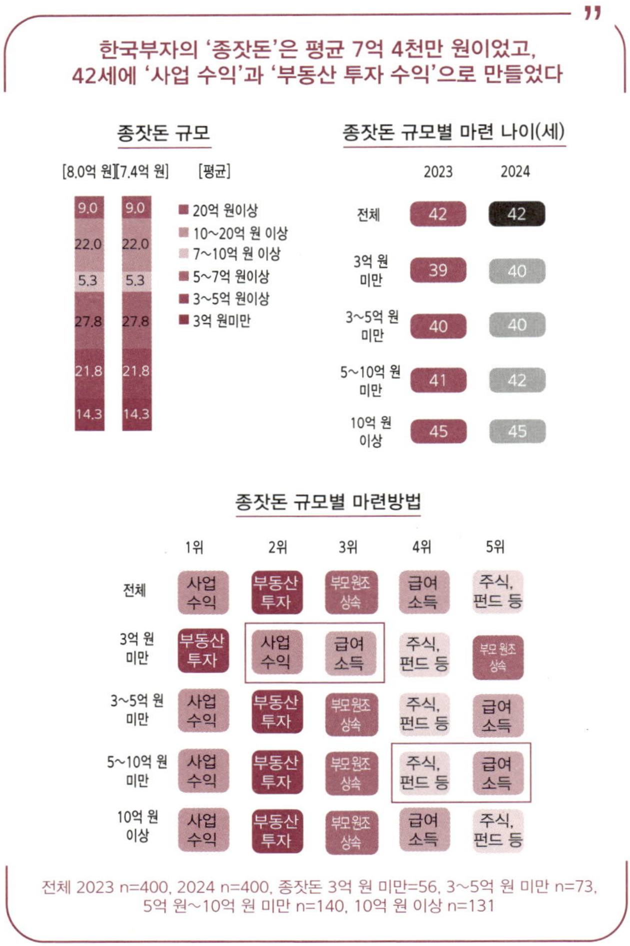

부자의 종잣돈 규모 추이, 마련 나이 및 방법 (단위: %) (출처: KB금융그룹 『한국 부자 보고서』)

했다. 마지막으로는 근로소득이 8.5%를 차지한다. 이때 긍정적인 건 사업수익과 부동산 투자가 대략 60%나 된다는 것이다. 상속과 증여의

3배가 넘는 비율이니 희망의 빛이 보인다.

부자들이 스스로 생각하기에 지금의 부를 위해 필요했던 종잣돈은 약 7억 4천만 원 정도였다. 얼핏 들으면 "7억 4천이라니, 도대체 언제 이 돈을 모으지?"라는 좌절감이 먼저 들 수도 있다. 하지만 흥미로운 점은 한국 부자들이 평균적으로 42세 무렵에 종잣돈을 모았다는 사실이다. 이는 곧 어떤 사람은 30대 후반에, 또 다른 사람은 40대 중후반이나 그 이후에 이 돈을 모았다는 뜻이다. 언론에서 젊은 나이에 큰 부를 이룬 사례를 자극적으로 조명하다 보니 2030세대는 조급해지기 쉽다. 그러나 실제로는 성급할 필요가 없다. 사회생활을 하면서 꾸준히, 우직하게 돈을 모아 40대에 이르면 충분히 '부자가 되기 위한 최소 종잣돈'을 마련할 수 있다.

그렇다면 종잣돈 외에 한국 부자들에게 지금의 부를 만들어준 가장 큰 동력은 무엇일까? 그건 바로 '목표 금액'이다. 그래서 앞에서도 계속 재테크를 할 때는 목표 설정을 제대로, 구체적으로 하는 게 중요하다는 이야기를 했다. 실제로 한국 부자는 명확한 목표를 설정해놓고 스스로 생각한 금액을 달성하기 위해 열심히 자산을 운용하고 투자하고 있었다.

지금까지 한국 부자에 대해 알아봤다. 개인적으로 생각했을 때 순자산 10억보다 '집과 10억'이라는 목표가 요즘 시대에 훨씬 맞는 재테크 목표 같다. 수치상으로도 순자산 10억은 상위 11% 정도지만,

금융자산 10억 이상은 상위 1% 미만이다. 집과 10억을 목표로 하면 어떤 '집'을 가질 것인지 고민하게 된다. 이 부분은 어디까지나 본인의 상황과 욕망에 따라 선택하면 된다. 주거 비용은 지역과 가구원 수 등에 따라 천차만별이기 때문이다.

주거가 해결되면서 금융자산 10억을 굴리게 되면 크게 사치스러운 삶의 방식을 추구하지 않는 이상, 일하지 않아도 적당한 수준의 생활을 할 수 있다. 정말 보수적으로 생각했을 때 10억으로 매년 5%의 수익률만 발생시켜도 1년에 5천만 원이 생기게 된다. 세금 문제를 논외로 하면, 매달 대략 400만 원 정도의 돈이 생기는 것이다. 주거에 돈이 전혀 들지 않는다고 하면 일을 하지 않아도 살아갈 수 있는 돈이다. 게다가 투자 실력을 더해서 수익률을 높인다면 훨씬 더 만족스러운 삶을 살 수 있다.

물론 여기까지 보고 나서도, "집과 10억이 있다고 부자라고 할 수 있나?"라고 하거나 "이 정도면 돈 걱정 없이 평생 지내는 거지, 부자는 아니지 않나?"라고 할 수 있다. 맞는 말이다. 보통 이런 생각을 하는 사람들은 부자는 화려한 삶을 사는 사람이라고 생각하는 경우가 많다. 그렇다면 누구나 인정할 만한 진정한 슈퍼 리치가 되려면 어느 정도의 자산이 있어야 할까?

4 슈퍼 리치, 대한민국 상위 1%와 0.1%의 자산은?

흔히 슈퍼 리치라고 하면, 나인원한남, 한남더힐, 시그니엘 같은 초고가 주택에 살며 고급 외제차를 타고 고급 레스토랑에서 식사를 하는 이미지를 떠올린다. 또 공연 등 문화생활을 즐기며, 명품 쇼핑을 일상처럼 하고, 비즈니스 클래스로 해외여행을 다니는 모습이 생각난다. 그러나 이런 생활이 일상이 되려면 자산 상위 1%가 아니라 최소한 상위 0.1% 정도는 되어야 가능하다. 이처럼 단순히 돈 걱정 없이 사는 정도를 넘어, 화려한 삶을 누리는 슈퍼 리치를 선망하는 사람들도 있다. 그렇다면 대한민국에서 슈퍼 리치로 불리려면 어느 정도의 자산이 필요할까?

통계청 '가계금융복지조사' 결과를 토대로 NH투자증권에서 발표한 내용에 따르면 대한민국 순자산 상위 1% 가구의 기준선은 29

억 2,010만 원이다. 생각보다 1% 가구의 순자산 규모가 터무니없는 금액이 아니라 꽤 현실적이어서 공감되는 수치였다. 다음으로 상위 0.5%는 38억 7,800만 원이고, 대망의 상위 0.1%는 76억 8,000만 원이다. 위의 수치는 모두 '가구' 단위이다.

구분		2020년	2021년	상승금액	상승률
순자산 상위가구 백분위	0.1%	73억 1,140만 원	76억 8,000만 원	3억 6,860만 원	5.0%
	0.5%	34억 3,480만 원	38억 7,800만 원	4억 4,320만 원	12.9%
	1%	26억 1,000만 원	29억 2,010만 원	3억 1,010만 원	11.9%
	5%	11억 5,100만 원	13억 3,510만 원	1억 8,410만 원	16.0%
	10%	7억 8,510만 원	9억 731만 원	1억 2,221만 원	15.6%

자료: 2020/2021 가계금융복지조사(통계청) 마이크로데이터, NH투자증권 100세시대연구소

이런 자료를 보면 "나는 언제 저만큼의 자산을 모으냐"라고 한숨부터 나올 수 있다. 하지만 희망적인 점도 있다. 순자산 상위 1% 가구주의 평균 연령이 63.5세라는 것이다. 연령대 분포를 보면 60대가 34.6%, 50대가 25.3%, 70대가 21.4%로 80대 이상도 포함하면 50대 이상이 무려 90%(88.5%)에 육박한다. 우리가 각종 매체를 통해 접하는 '영 앤 리치'들의 화려한 모습은 종종 "아, 나는 지금까지 뭐 했지?" 같은 자괴감을 불러일으키기도 한다.

그러나 화려한 이미지 뒤에 가려진 현실을 살펴보면 평범한 사람이 부를 쌓아가는 데는 반드시 시간이 필요하다. 결국, 중요한 건 그

시간을 버틸 수 있는 끈기와 인내다. 그래서 처음 재테크 계획을 세울 때부터 긴 호흡으로 멀리 바라보는 마음가짐이 중요하다.

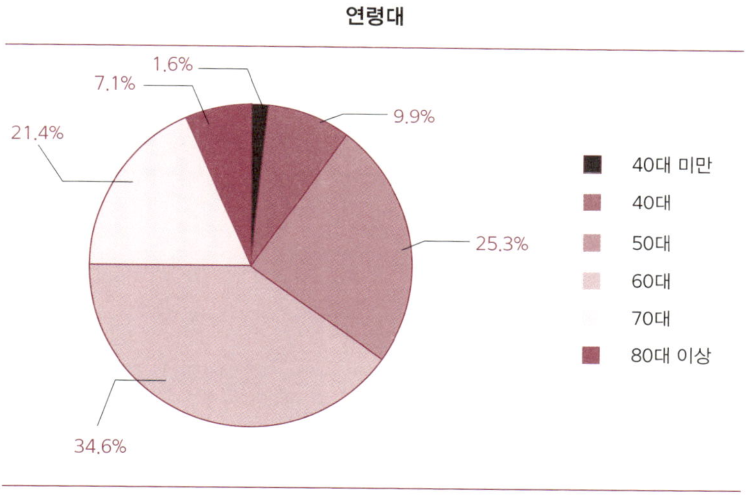

상위1% 가구주 분포 (출처: NH투자증권 100세시대연구소)

얼마 정도 있으면 서울에서 부자 소리 들을 수 있을까?

전국 단위로 조사된 자료들을 보면, 늘 드는 의문이 있다. "서울에서는 이 정도 금액으로는 부족하지 않나?" 하는 것이다. 서울은 집값이 워낙 높아 주거비 부담이 크다 보니, 자산이 꽤 있더라도 실제 생활은 빠듯한 경우가 많다. 그렇다면 과연 서울에서 당당히 부자라는 말을 들으려면 어느 정도의 자산이 필요할까?

옆의 자료는 '서울 부자'에 대한 보고서로 우리금융경영연구소에서 기획보고서로 발표한 것이다. 여기서 말하는 서울 부자란 서울에 거주하는 만 30세 이상의 금융자산 10억 이상 보유자를 말한다. 과연 이들이 보유한 자산은 얼마나 될까? 생각했던 대로 놀라운 결과였다. 서울 부자의 평균 총자산은 67억 9,041만 원으로 임대보증금과 금융부채 6억 7만 원을 제외한 순자산이 61억 9,000만 원 수준의 엄청난 총자산 규모이다.

규모별로 살펴보면 10억에서 50억 미만이 33.7%, 50억에서 70억 미만이 31.3%이며 70억 이상이 35%를 차지한다. 보고서에 따르면 서울 부자의 평균 금융자산은 22억 6천만 원 정도이다.

총자산

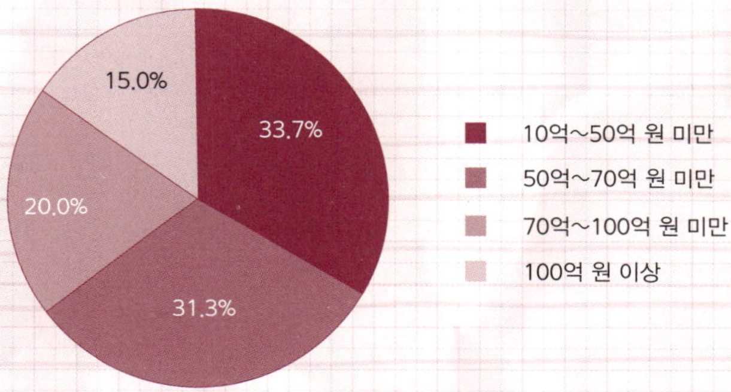

(출처: 우리금융경영연구소)

자산 현황

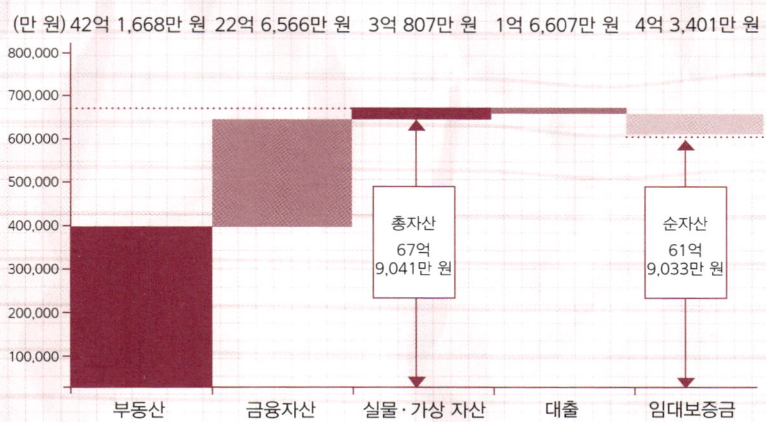

(출처: 우리금융경영연구소)

그렇다면 서울 부자는 어떻게 자산을 형성했을까? 서울 부자의 평균 종잣돈은 7억 5,412만 원이고 주 수입이 사업소득으로 37%를 차지했다. 서울 부자가 부자계층에 도달하는 데 걸린 시간은 평균 11년이라고 한다. 엄청난 자산규모에 압도되기 전에 이들이 금융자산 10억을 모으는 데 걸린 시간이 평균 11년이라는 사실을 주목하자. 재테크를 시작할 때는 적어도 10년을 바라보고 계획을 세워야 하는 걸 깨닫는다.

시드머니의 주된 원천

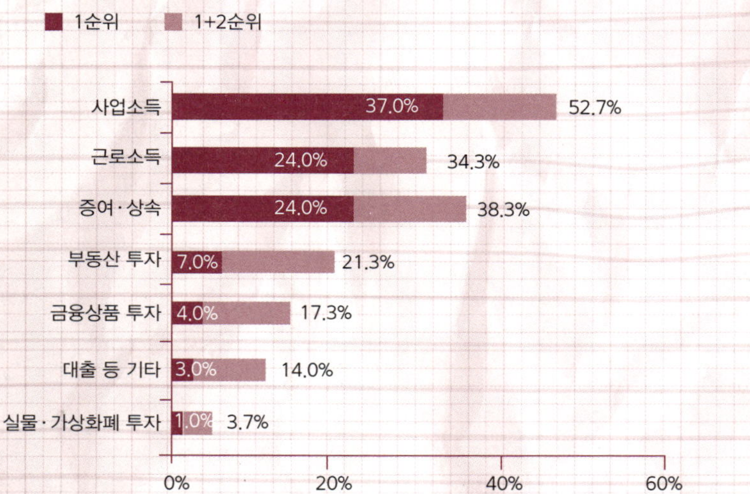

(출처: 우리금융경영연구소)

재미로 보는 진정한 슈퍼 리치의 세계,
100억 이상 자산가들이 궁금하다면?

하나금융경영연구소에서는 '대한민국 웰스 리포트'를 통해 '슈퍼 리치'에 대한 보고서를 발간하고 있다. 앞의 KB경영연구소의 '부자 보고서'에서 말하는 부자의 기준이 금융자산 10억 이상을 가진 사람이었다면, 하나금융경영연구소가 정의하는 슈퍼 리치는 이 중에서도 금융자산이 100억 이상 또는 총자산 300억 이상을 보유한 부자이다.

(출처: 하나금융경영연구소 『대한민국 웰스 리포트』)

금융자산이 100억? 총자산이 300억? 상상도 못 할 액수이다. 이 정도면 슈퍼 리치로 불려도 전혀 손색이 없다. 그렇다면 과연 이 정도의 액수를 보유한 사람은 몇 명이나 될까? 보고서에 따르면 일반 부자들의 5% 정도가 슈퍼 리치라고 한다. 여기서 말하는 '일반 부자'는 금융자산 10억 이상을 보유한 사람이다. 따라서 2022년 기준 일반 부자가 대략 40만 명 정도였으니 슈퍼 리치는 일반 부자의 5%인 2만 명 정도가 된다.

그렇다면 슈퍼 리치는 어떤 직업을 가진 사람들일까? 이들 중 가장 높은 비중을 차지한 직업은 기업경영인이었다. 한마디로 기업 CEO나 개인 사업을 하는 오너로, 29%를 차지했다. 뒤이어 의료나 법조계 전문직이 20%, 기업체의 임원과 부동산 임대업자가 각각 12%로 3위를 차지했다. 만약 목표가 보통 부자가 아니라 슈퍼 리치라면 내가 어떤 일을 해야 할지 이런 자료를 보며 한번쯤 생각해볼 만하다.

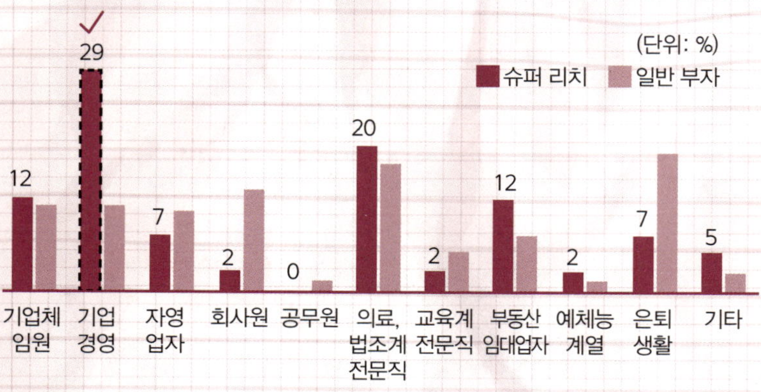

(출처: 하나금융경영연구소 『대한민국 웰스 리포트』)

재미로 보는 슈퍼 리치의 MBTI는?

이쯤 되면 어떤 성향의 사람이 슈퍼 리치가 될 수 있는지 궁금해진다. 보고서에 따르면 금융자산 100억 이상의 슈퍼 리치 중에서 가장 많이 보이는 MBTI는 바로 'ESTJ(외향형·감각형·이성적·계획적)'라고 한다. 일반 대중들 사이에서는 불과 8% 정도밖에 안 되는 희귀한 유형이다. 2위를 차지한 MBTI는 'ISTJ'로 1위와 2위 모두 '-STJ' 성향을 가지고 있다. 아무래도 투자를 통한 부의 증식이 비중이 큰 만큼 T(이성적)와 J(계획적) 성향의 비중이 높아 보인다. 다만 내가 이런 성향이 아니라고 좌절할 필요는 없다. 슈퍼 리치의 MBTI는 어디까지나 재미를 위한 것이다.

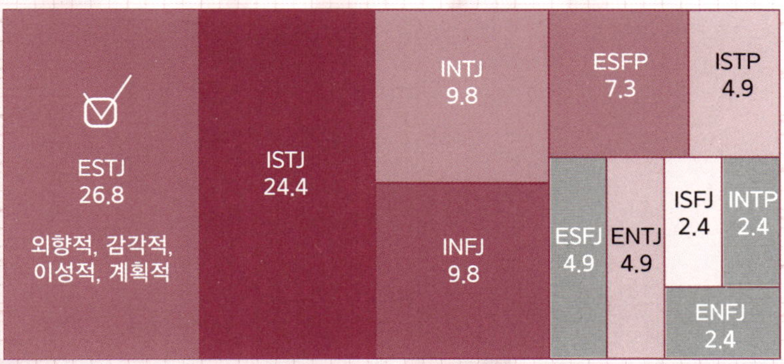

(출처: 하나금융경영연구소 『대한민국 웰스 리포트』)

금융 자산 규모별 성격유형(단위: %)

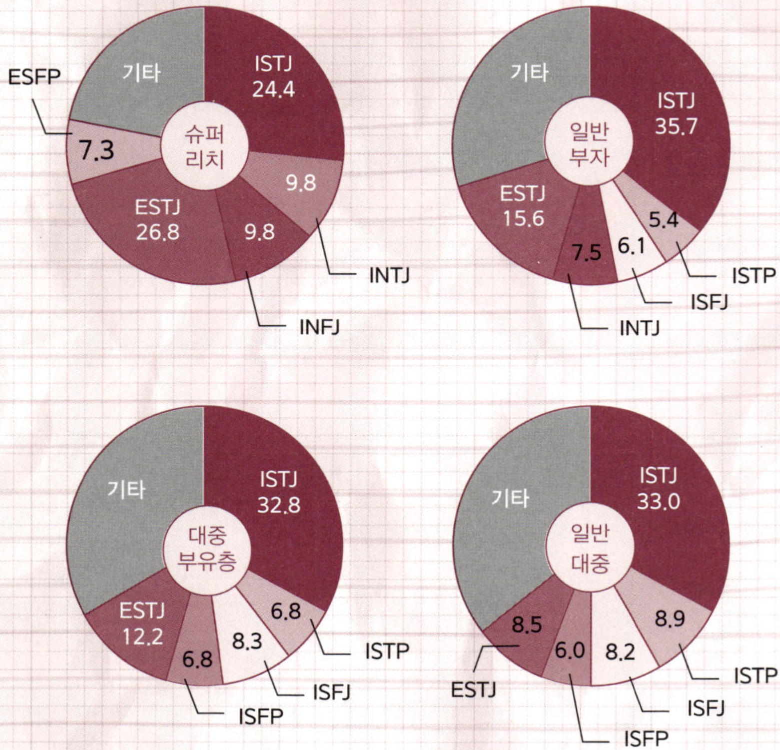

(출처: 하나금융경영연구소 『대한민국 웰스 리포트』)

5 얼마가 있어야 돈 걱정 없이 살 수 있을까?

지금까지 다양한 부의 기준을 살펴봤지만, 결국 핵심은 "도대체 얼마가 있어야 돈 걱정 없이 살 수 있는 걸까?"이다. 10억? 집과 10억을 더? 아니면 100억쯤? 재테크를 하면서도 스스로 수없이 던졌던 질문이다. 이런 건 왜 학교에서 가르쳐주지 않는 걸까? 사실 살아가는 데 필요한 건 이런 지식인데 말이다. 소위 말하는 '세상 물정'을 알고 사회에 나와야 하는데, 현실은 그렇지 않다.

나 역시 재테크를 본격적으로 시작하면서 '부자'라는 개념이 너무 막연하게 느껴졌고, 그래서 구체적으로 부자의 기준이 궁금했다. 하지만 그렇다고 부자들을 직접 만나 다짜고짜 인터뷰할 수도 없는 노릇이라, 스스로 객관적인 자료들을 꾸준히 찾아볼 수밖에 없었다. 그렇게 몇 년 동안 다양한 자료를 살펴보니, 여전히 명확한 정답은 없지만, 나만의 결론이 조금씩 세워지기 시작했다. 오늘은 그 이야기를 해보려 한다.

먼저 짚고 넘어가야 할 게 있다. "얼마가 있으면 부자인가?"라는 질문과 "얼마가 있어야 돈 걱정 없이 살 수 있나?"라는 질문은 비슷해 보이지만 다르다는 점이다. '부자'라는 개념과 '돈 걱정 없이 산다'라는 개념이 다르다는 말이다. 많은 사람이 이 둘을 혼동하다 보니 기준이 모호해지고 혼란이 생긴다.

개인적으로 부자에 대한 정의를 내리자면, 부자는 누가 봐도 자산이 넉넉해서 살아가는 데 금전적으로 어려움이 없는 사람이라고 생각한다. 실제로 부자의 사전적 의미도 '재물이 많아 살림이 넉넉한 사람'이다. 그런데 살림이 넉넉한 것과 '돈 걱정 없이 사는 것'은 조금 다르다. 가지고 있는 자산으로 연금, 배당, 이자, 월세 등 자본소득이 탄탄하게 발생하는 시스템을 마련해서, 일하지 않아도 필요한 소득이 꾸준히 발생하는 사람이 돈 걱정 없는 사람이다. 이런 사람 중에는 자산이 넉넉한 사람도 있지만, 꼭 그렇지 않더라도 안정적인 삶을 꾸리기도 한다.

이는 누가 봐도 부자인 사람들이 돈 걱정하지 않고 사는 건 맞지만, 돈 걱정 없이 사는 사람 중에 대단한 부자가 아닌 사람들도 있다는 뜻이다. 예를 들어 교사나 공무원 부부는 은퇴 후에도 연금 덕분에 매달 넉넉한 현금 흐름이 발생한다. 그렇다고 이 사람들이 다 부자냐고 묻는다면 그건 또 다른 개념으로, 이들의 자산은 천차만별일 수 있다. 이런 식으로 '부자'와 '돈 걱정 없이 살아가는 것'은 그 방향성이 조금 다른 문제다.

큰 부자와 돈 걱정 없는 사람의 개념을 구분하는 이유는, 평범한 사람이라면 막연하게 큰 부자를 꿈꾸기보다는 꾸준히 노력하면 이룰 수 있는 단계인 '돈 걱정 없는 삶'을 목표로 삼아보기를 추천하기 때문이다. 예를 들어 위에서 살펴본 100억 이상 큰 부자의 경우, 직업을 살펴보면 기업 CEO, 의료계나 법조계 같은 전문직 종사자, 기업체의 임원, 부동산 임대업자다. 이 중에서 그나마 해볼 만한 건 부동산 임대업이고, 그 외에는 전문직으로 직업을 바꾸지 않는 이상, 현실적으로 어렵고 위험하다.

물론 당연히 큰 부자가 될 수 있다면 더 좋겠지만, 평범한 사람이 일평생을 바쳐서 '큰 부자'라는 목표만 바라보고 살아가기에는 우리의 인생이 생각보다 유한하다는 것이다. 이때 명심해야 할 건 돈 걱정 없이 사는 삶을 위해서도 어느 정도의 자산은 필요하다. 자기합리화를 통해 적은 자산으로 만족하라는 뜻이 아니다. 다만 자산의 절대적 규모가 어마어마할 필요는 없다. 그런 뜻에서 나는 돈 걱정 없이 사는 사람을 '작은 부자'라고 부르려 한다. 그렇다면 작은 부자가 되기 위해서는 어느 정도의 자산이 있으면 좋을까?

한때 정년보다 앞서 조기 은퇴하는 파이어족이 유행이었다. 멋진 단어로 포장했지만, 본질은 돈 걱정 없이 사는 사람이다. 자산 규모별로 은퇴 후 어떤 형태의 생활이 가능한지 정리한 자료를 참고해서, 구체적으로 어느 정도의 자산이 있어야 돈 걱정 없는 작은 부자가 될 수 있는지 알아보려 한다.

파이어족은 은퇴 후 생활 형태에 따라 크게 세 종류로 나뉘는데 아래를 통해 자세히 말하고자 한다.

1) 린 파이어Lean Fire

절약할 수 있는 건 최대한 절약하며 제한된 소비만 하는 '검소한 파이어족'이다. 10억 미만의 자산으로 돈보다 시간의 완벽한 자유에 더 가치를 둔 사람들이다. 내가 좀 더 아끼며 살더라도 스트레스 받지 않고 마음이 편한 삶을 더 중요하게 여긴다.

2) 노멀 파이어Normal Fire

말 그대로 일반적으로 아낄 건 아끼며 생활하는 사람들이다. 노멀 파이어는 10억에서 25억 정도의 자산규모에서 가장 많이 선택하는 방식으로 10억을 기준으로 했을 때 월 339만 원 정도의 생활비로 연간 약 4,000만 원 정도를 소비한다. 참고로 파이어족은 생활비를 계산할 때 '4%의 법칙'이라는 걸 적용한다. 이는 은퇴를 위해서 준비한 자산으로 매년 보수적으로 잡아서 5%의 투자 수익을 발생시키고 이 중에서 4%만 인출해서 쓴다는 법칙이다. 이렇게 원금을 축내거나 훼손하지 않으면서 평생 투자수익만으로 살 수 있다는 가정이다. 그런데 사실 투자수익을 5%로 잡은 건 매우 보수적으로 가정한 것으로, 실제로는 원금의 4%보다 더 높은 비율만큼 생활비로 사용할 확률이 높다.

3) 팻 파이어Fat Fire

팻 파이어는 생활 수준을 충분히 유지하면서 풍족한 생활을 하는 사람들이다. 이들은 25억 이상의 자산으로 연간 8,000만 원에서 1억을 쓰면서 누구나 꿈꾸는 화려한 은퇴 생활을 즐긴다.

작은 부자를 꿈꾸는 사람이라면 이 중에서 노멀 파이어 정도를 기준으로 삼으면 좋지 않을까 생각한다. 자산 규모로는 10억에서 25억 정도이다. 앞에서 부자의 기준을 살펴봤을 때 순자산 10억인 가구가 상위 11%, 순자산 대략 30억 정도인 가구가 상위 1% 정도였는데, 10억에서 25억 정도면 11%에서 1% 사이 그 어딘가에 있는 규모이니 얼추 작은 부자라는 타이틀을 붙일 만한 것 같다.

이제 "도대체 얼마가 있어야 돈 걱정 없이 살 수 있는 거야?"라는 물음에 어느 정도 답이 됐다고 생각한다. 10억에서 25억이라는 자산은 범위가 넓어서 여기서부터는 각자의 선택 문제이다. 나는 어떤 삶을 원하는지, 나의 가치관과 욕망, 성향을 마음속 깊숙한 곳까지 들여다보면서 잘 살펴보고 나만의 답을 찾아야 한다. 나만의 답을 찾았다면, 이제 조금 더 구체적으로 들어가 보자.

6 결국 중요한 것은 월 현금흐름이다!

나도 한때 '큰 부자'를 꿈꾸며 달렸지만 나이가 들면서 '아, 인생은 영원하지 않구나'를 깨달았다. 결정적인 계기는 늦은 나이에 아이를 출산한 경험이었다. 현실적으로 아이 곁에 남을 수 있는 시간을 생각해보니 인생이 유한하다는 사실이 확 와닿았다. 그 전까지는 100세 시대라는 말이 흔하고, 심지어 요즘은 120세 만기인 보험 상품도 나오다 보니, 막연하게 내 인생이 한참 남았다고만 여겼다. 그러나 생각이 바뀌면서 재테크에 대한 관점도 달라지기 시작했다.

대다수 평범한 사람들이 하는 재테크는 '내 집 마련 상급지上級地 갈아타기'이다. 예전의 나도 했던 재테크 방식으로, 먼저 내가 가진 자산과 여기에 대해 꽤 많은 대출을 받아 내 집 마련을 한다. 이후 어느 정도 대출을 갚으면서 다시 더 좋은 입지의 아파트로 갈아탄다. 감당할 수 있는 빚을 내고 갚는 과정이 반복된다.

문제는 이렇게 하는 과정에서 어느덧 세월은 가고 은퇴가 코앞인데, 남은 건 집 한 채뿐인 상황이 펼쳐진다는 것이다. 최악의 경우 이 집이 은퇴 후에는 세금만 발생시키는 짐이 될 수도 있다. 그래서 결국 유한한 인생에서 돈 걱정 없는 삶을 설계하려면 자산만큼 중요한 것이 '일하지 않아도 발생하는 월 현금흐름'이다. 풀어서 설명해놨지만 네 글자로 압축하면 '불로소득'이 반드시 있어야 한다는 말이다. 평생 돈 걱정 없이 살 수 있느냐 없느냐를 가르는 것은 '불로소득 시스템'을 가졌느냐 가지지 못했느냐이다.

그런데 생각보다 많은 사람이 이런 시스템을 제대로 준비하지 못하고 은퇴를 맞이하게 된다. 실제로 꽤 여유로운 은퇴생활을 하는 사람들이 전체 은퇴자의 10% 정도라는 조사 결과를 보고 놀란 적이 있다. 이 내용을 한 번 더 구체적으로 살펴보자. 도대체 일하지 않고 생활하려면 구체적으로 얼마 정도의 현금이 필요할까?

이와 관련해 '노후소득 피라미드'라는 흥미로운 조사가 있다. 60세 이상 은퇴 가구를 대상으로 생활비 충당 정도에 따라 5단계로 분류한 소득표로, NH투자증권 100세시대연구소와 조선일보 왕개미연구소에서 발표했다. 이들은 5단계를 각각 은퇴귀족층, 은퇴상류층, 은퇴중산층, 상대빈곤층, 절대빈곤층 순으로 분류하고 있다.

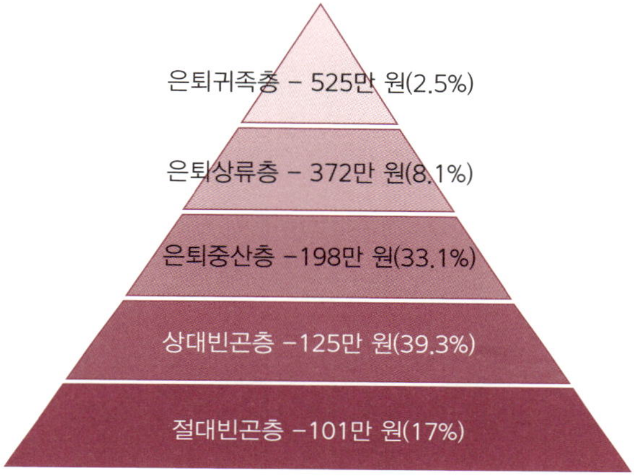

(출처: NH투자증권 100세시대연구소, 왕개미연구소)

1) 은퇴귀족층

먼저 "생활비가 충분히 여유 있다"라고 생각하는 이들의 월 소득은 525만 원으로 통계청에서 발표한 건강한 노부부의 적정 노후 생활비인 314만 원을 크게 웃도는 금액이다. 은퇴귀족층은 전체 은퇴 가구의 2.5%에 불과하며 이들은 국민연금·공무원연금 같은 공적 연금으로 177만 원을, 또 개인연금·퇴직연금·금융소득·월세 같은 재산소득으로 월 330만 원을 벌고 있었다. 총 525만 원 중에서 재산소득의 비중이 공적 연금의 2배 정도로 훨씬 큰 비중을 차지하고 있고, 금액 또한 상당하다. 이들이 여유로운 생활을 위해서 얼마나 많은 시간 동안 다방면으로 노력하고, 공부하고, 투자하며 지내왔는지 여실히 알 수 있는 대목이다.

2) 은퇴상류층

이들은 "생활비가 여유 있다"라고 생각하는 계층으로, 월 소득은 372만 원이다. 은퇴귀족층과 비슷한 금액인 공적 연금 177만 원을 받지만, 재산소득이 180만 원으로, 은퇴귀족층보다 150만 원 적게 벌고 있어 이 차이로 인해 계층이 갈렸다. 앞에서도 언급했지만 그만큼 은퇴귀족층의 경우 더 많은 재산소득을 얻기 위해 저축이나 투자 활동을 더 많이 그리고 더 성공적으로 했다는 의미이다.

3) 은퇴중산층

이들은 전체 가구의 33%를 차지하는 중간 계층으로 많은 비율을 차지한다. 월 소득은 놀랍게도 200만 원이 채 되지 않는 198만 원이었다. 이 중에서 공적연금이 112만 원, 개인연금 등 재산소득이 60만 원으로, 앞의 두 계층에 비해 재산소득과 공적연금 금액 모두 상당히 줄어든 모습을 보인다.

4) 상대빈곤층

이들은 4번째 계층이자 노후소득 피라미드에서 가장 큰 비중인 39.3%를 차지한다. 월 소득이 125만 원으로 이는 노부부 적정생활비인 314만 원에 크게 못 미치는 금액이다.

5) 절대빈곤층

이들은 월 소득이 101만 원으로 일반적인 연금소득은 거의 없고 대부분 정부가 지급하는 기초연금 같은 공적 수혜금이다. 본인 스스로 준비해야만 나오는 재산소득의 경우 월 7만 원으로, 자녀들의 용돈 같은 사적 이전소득인 월 16만 원보다 훨씬 적었다.

굉장히 놀라운 조사 결과였다. 모든 사람이 젊었을 땐 여유로운 은퇴 생활이나 노후를 꿈꾸지만, 현실적으로 이런 생활을 하는 사람들이 전체의 10% 정도밖에 되지 않았다. 그리고 자료를 잘 살펴보면 결국 5개의 계층을 가른 결정적 요소는 바로 '재산소득' 부분이었다. 은퇴귀족층이 330만 원, 은퇴상류층이 180만 원, 은퇴중산층은 확 줄어서 60만 원이다가 절대빈곤층은 심지어 7만 원을 재산소득으로 받는다.

결국 재산소득으로 월 100만 원도 채 못 만든 사람이 90%나 된다는 이야기다. 정신 바짝 차리고 준비하지 않으면, 20년 또는 30년 동안 경제활동을 하면서 벌어들인 수입으로 노후에 불로소득을 월 100만 원도 만들기 힘든 게 현실인 것이다. 그래서 '돈 걱정 없는 삶'을 위해서는 반드시 일하지 않아도 나오는 월 현금흐름을 만들어내야 한다.

이제 정리를 해보자. 돈 걱정 없는 작은 부자로 살기 위해서는 어느 정도의 자산도 필요하다. 이 자산을 앞에서 10억에서 25억 정도로 정해보았고, 여기에 나는 매달 얼마 정도의 월 현금흐름을 원하는지를 반드시 계산해보아야 한다. 통계청에서 발표한 노부부 적정생활비가 314만 원 정도라고 하니 대략 300만 원을 최소 기준으로 잡으면 좋을 것 같다. 그 이상 내가 일하지 않고 살아가는 데 얼마가 필요할지는 각자의 삶의 방식에 따라서 정해보자. 이렇게 두 가지를 정했으면 이제 얼추 가야 할 길에 대한 그림은 그린 것이다.

끝으로 빠질 수 없는 게 바로 투자수익률이다. 많은 사람이 재테크 목표를 세울 때 자산에 대한 계획만 세우는 경우가 많다. 이는 기본적으로 자산을 야금야금 꺼내 쓴다는 생각이 있어서다. 핵심은 내가 가진 자산을 적절한 곳에 투자해서, 월세든 배당이든 이자든 투자수익을 만들어내는 것이다. 이것이 바로 월 현금흐름 시스템이고 불로소득이 되는 것이다. 따라서 얼마 정도의 투자수익률을 가정할지도 꽤 중요한 요소이다.

예를 들어서 10억의 자산으로 4% 정도의 투자수익을 가정하면 연 4,000만 원 정도, 월 330만 원 정도가 생기지만, 투자수익률을 2%씩만 올려도 결과가 달라진다. 6%인 경우에는 6,000만 원으로 월 500만 원, 8%가 되면 연 8,000만 원으로 월 660만 원 정도가 된다. 같은 자산으로도 2배나 차이가 나는 월 현금흐름을 만들어낼 수 있는 것이다.

그렇다면 투자수익률을 한없이 높게 잡으면 되지 않느냐 하겠지만, 투자수익률이라는 것은 리스크와 관련 있다. 투자수익률이 높아지면 높아질수록 그 투자에 대한 리스크도 따라서 높아지기 때문에 개인적으로는 매년 8%를 초과하는 수익률을 올리겠다고 계획하는 것은 추천하지 않는다. 정말 보수적으로 잡아서 4%에서 조금 자신 있다면 8% 정도까지 중에서 적당한 투자수익률을 잡아보자. 투자수익률이라는 것은 투자를 꾸준히 해나가다 보면 실력이 늘면서 덩달아 올라가기 때문에 사람에 따라서는 8% 이상의 수익률을 기대할 수도 있겠지만, 큰 틀의 계획을 위해서 일단 지금은 이 정도 선에서 정해보자.

이렇게 세 가지, 내가 원하는 자산규모+월 현금흐름 금액+연 투자 수익률을 대략 정해보았다면 앞으로 돈 걱정 없는 작은 부자로 살기 위해 필요한 내 인생의 안전판이 대략 어느 정도인지 그려질 것이다. 그럼 이제는 책상 앞에서 계산만 두드릴 게 아니라 본격적으로 달려야 할 때이다. 자, 그 첫걸음부터 함께해보자.

2장

1억 모으기

1 1억을 모으는 게 중요한 이유

아이를 키우다 보면, 어른에게는 너무 당연한 일이 아이에게는 하나하나 배워가는 과정임을 알게 된다. 기고, 일어서고, 마침내 걷기까지 이어지는 몇 달의 변화를 지켜보면 절로 미소가 난다. 재테크에서 '1억 모으기' 역시 아이의 첫걸음마 과정과 크게 다르지 않다.

수많은 재테크 서적과 강의에서는 재테크의 첫걸음으로 1억 모으기를 강조하곤 한다. 하지만 요즘 같은 시대에 1억이 있다고 삶이 드라마틱하게 바뀔까? 이런 의문이 드는 건 어쩔 수 없다. 그러나 1억 모으기의 진짜 의미는 단순히 금액 자체에 있는 게 아니다. 중요한 건 1억을 스스로 모으는 과정에 있다. 같은 1억이라도, 누군가에게 받은 1억과 내가 직접 노력해서 모은 1억은 그 내재된 가치와 의미가 전혀 다르다.

나는 신혼 초 2년 6개월 동안 1억을 모은 적 있다. 의도한 건 아니었지만 2년 6개월이라는 시간 동안 돈에 대해 A부터 Z까지 제대로 공부할 수 있었다. 이때의 경험은 내 인생을 통틀어 가장 잘한 일 중 하나라고 할 정도로 이후에 재테크를 해나가는 데 좋은 밑거름이 됐다. 그렇다면 대체 1억 모으기가 어떻게 돈 공부가 된다는 걸까? 궁금증이 생길 수밖에 없다.

1) 자연스럽게 만들어지는 절약하는 DNA

돈을 모으는 데 가장 기본이 되는 것은 절약이다. 그런데 단순히 절약하는 습관이 아니라 DNA가 만들어진다는 건 어떤 의미일까?

실제로 재테크를 하다 보면 돈 관리보다 어려운 게 마음 관리라는 걸 알게 된다. 쉽지 않은 1억 모으기에 성공하는 것은 바로 나만의 마음 관리 기술이 생긴다는 말이며, 이는 곧 절약 DNA가 마음속 깊이 탑재된다는 말이기도 하다.

1억 모으기가 어려운 이유가 절약하는 방법을 몰라서가 아니다. 절약한답시고 갑자기 평소에 잘 마시던 스타벅스 커피를 끊고, 배달, 외식도 하지 않고 집밥만 해 먹다 보면 회의감이 몰려올 때가 있을 거다. 또 평소보다 더 열심히 허리띠를 졸라매던 어느 날 지금 내 모습이 초라하게 느껴지면서 자존감이 확 떨어지는 때가 온다. 그런 날을 조심하지 않으면 소비하는 것으로 스트레스를 풀던 예전 버릇이 나올 수 있다.

이런 끊임없는 마음속의 악마의 유혹, 속삭임과 싸워야 한다. 1억을 모으는 과정에서 내적 갈등은 수십 번, 수백 번이 넘게 일어날 것이다. 이런 과정을 견디고 나면 비로소 이 부침을 어떻게 넘길 수 있는지, 자신만의 방법을 터득하게 된다.

2) 건전한 소비습관

돈 관리에 있어서 얼마를 버느냐보다 더 중요한 것이 번 돈을 어떻게 관리하고 소비하느냐인데, 1억 모으기를 하다 보면 건전한 소비습관은 자연스럽게 옵션처럼 따라오게 된다.

1억 모으기를 하면서 가계부를 쓰지 않는 사람은 없을 것이다. 생각보다 많은 사람이 매달 자신의 수입과 지출을 모르는 경우가 많다. 그런데 가계부를 쓰다 보면 이런 자신의 수입과 지출에 대한 정확한 관리가 가능해지고, 눈으로 직접 확인하면서 반성하는 시간을 가질 수 있다. 이렇게 나만의 데이터가 하나둘 쌓이다 보면, 이는 자연스럽게 건전한 소비습관으로 이어진다.

그렇다고 건전한 소비가 무조건 절약만 하는 건 아니다. "아, 이번 달에는 여기에 쓸데없이 돈을 썼구나. 다음 달에는 줄여봐야지" "아 ,여기에 쓴 건 아깝지가 않네"처럼 말 그대로 아낄 땐 아끼고 쓸 땐 쓰는 나만의 기준, 잣대를 하나하나 세워나가는 과정이 바로 1억 모으기의 순기능이자 유산이다.

3) 부수입 창출과 소액투자

열심히 1억 모으기를 하다 보면 자연스럽게 부수입 창출과 소액투자에 관심이 생긴다. 절약을 하다 보면 통장에 쌓이는 돈은 좋지만, 삶의 질 자체는 예전보다 덜하다는 느낌을 받는 때가 온다. 물론 사람마다 다르지만 그런 때가 오면 수입을 늘릴 방법을 찾게 된다. 그러다가 투자에도 관심이 생기면 자연스럽게 투자 공부를 시작하는 것이다.

내가 처음 1억 모으기를 하던 당시는 부수입을 만들기 위해서 할 수 있는 게 잘해봐야 블로그 정도였고, 인스타그램이 이제 막 새로운 플랫폼으로 떠오르고 있었다. 그래서 10여 년 전부터 블로그를 시작했고, 시간이 지난 요즘은 부수입을 창출하는 방법을 훨씬 더 잘 활용하고 있다. 블로그, 인스타, 유튜브 등 각종 SNS는 물론이고 전자책 출판, 스마트 스토어, 강의 플랫폼에서 나만의 강의 판매, 이모티콘 판매 등 조금만 관심을 가지면 해볼 수 있는 부수입이 넘쳐난다. 오히려 너무 다양해서 나는 무엇으로 시작해야 할지 고민될 정도다. 이 중에 무엇이든지 나에게 맞는 것을 찾아서 한 가지 정도는 꼭 시도해보길 권한다. 그래야 삶의 질도 어느 정도 지키면서 1억 모으기를 꾸준히 해나갈 수 있다.

다만 한 가지 당부하고 싶은 것은 부수입원을 고를 때 이왕이면 SNS 등 온라인을 통해서 할 수 있는 것으로 시작하기를 권하고 싶다. 1억 모으기를 한시라도 빠르게 하고 싶은 마음에 열정이 넘쳐 육체적으로 무리하거나 어느 정도 돈을 모았을 때, 사업 개념의 부수입에 의욕적으로 도전하기도 한다. 이렇게 되면 단기적으로 성과는 있을지 몰라도 내 몸을 축내는 건 물론, 부수입을 위한 활동 때문에 정작 본업에 지장을 주게 될지도 모른다. 이제 막 1억 모으기를 하는 사회초년생의 경우 아직 자신의 본업을 배우고 갈고 닦아야 하는 시기에 이런 종류의 부수입은 추천하지 않는다.

또 1억 모으기를 할 땐 반드시 소액 투자도 함께 해야 한다. "괜히 투자했다가 잃어서 1억 모으는 기간만 더 늘어나는 거 아닌가?" "종잣돈 모을 때는 주식 투자 같은 거 하지 말까?"라는 고민이 들 수 있지만, 개인적으로는 종잣돈을 모으면서 소액 투자도 시작하기를 적극 권장한다. 소액이기 때문에 큰 성과보다는 공부와 경험을 쌓는 차원에서 추천하는 것이다. 종종 아끼고 아껴서 1억을 모은 분들이 투자 공부가 되어 있지 않아서 피같이 모은 돈으로 큰 실수를 저지르는 경우가 있다. 허리띠 졸라매면서 모은 큰 목돈을 잘못된 곳에 투자하거나, 극단적으로는 큰 수익률에 혹해서 사기를 당하는 이런 경우가 꽤 많다. 돈이라는 건 모으는 것도 중요하지만 지키는 것도 그만큼 중요하다. 그러니 반드시 소액투자를 통해서 투자 공부를 천천히 해야 한다. 그래야 이런 불상사를 막을 수 있다.

이렇게 버티면서 1억 모으기를 하게 되면 절약 DNA부터 건전한 소비습관, 부수입 창출과 소액 투자까지 돈에 관한 모든 것을 자연스럽게 배우게 된다. 이런 것들은 누가 일일이 가르쳐주지 않지만, 성인이 되고 자신의 삶을 경제적으로 안전하게 꾸려가려면 스스로 반드시 알아가야 하는 것들이다. 1억이라는 종잣돈 그 자체도 재테크의 씨앗으로서 큰 의미가 있지만, 그 과정에서 얻는 지식, 습관, 경험, 나만의 비결이야말로 돈으로 그 가치를 따질 수 없는, 평생의 자산이다. 꼭 1억 모으기에 성공하셔서 나 자신에게 주는 선물 같은 좋은 습관들을 체득하시길 바란다.

2 100만 원을 100번 모으면 1억!

이제 본격적으로 1억을 모아보자. 0원에서부터 시작하면 1억은 굉장히 큰돈이다. 특히 연봉이 높은 편이 아니거나, 수입이 불규칙한 경우에는 더욱 어떻게 돈을 모아 1억을 만들지 막막한 마음이 들 수 있다. 이럴 때는 1억을 잘게 쪼개는 것도 좋은 방법이다. 예를 들어 우리가 한입에 피자 한 판을 다 먹으려고 하면 먹을 수 있는 사람은 많지 않지만, 조각난 피자는 천천히 먹으면 한 판을 먹을 수 있는 사람이 꽤 있다. 이처럼 당장에 1억이라는 큰 덩어리가 막막하게 느껴지면 이 덩어리를 100개로 쪼개보자. 100만 원이 100번 모이면 1억이 된다. 수입이 많더라도 평소 저축을 하지 않았거나, 수입이 생기는 족족 소비하기에 바빴던 사람들에게도 해당된다.

갑자기 종잣돈을 모으겠다는 열정이 생겨서 하루아침에 허리띠를 꽉 졸라매버리면 금방 탈이 난다. 종잣돈을 모으는 일은 시간이 꽤 걸리기 때문에 초반에 몇 달 달리다가 금방 지쳐 그만두면 아무 소용이 없다. 따라서 1억을 모으기로 마음을 먹었다면, 일단 100만 원부터 모아보자. 이렇게 10번만 하면 어느새 모은 돈이 1,000만 원이 된다. 단위가 천 단위로 넘어가면 생각이 조금 달라질 것이다. 조금씩 돈 모으는 재미를 느끼게 된다.

생각을 이렇게 하기 시작하면 10억 모으기도 조금 다르게 보인다. 마찬가지로 "1,000만 원이 100번이면 10억이 되네?"라는 생각이 들면서 내가 모은 1,000만 원의 가치가 다르게 느껴진다. 물론 1억까지 가는 길과 10억까지 가는 길은 조금 다르고, 10억까지 가려면 투자를 통한 자산 증식이 뒷받침되어야 하지만, 마인드 측면에서 단순 계산해보면 그렇다는 말이다.

이런 식으로 돈을 쪼개서 생각하기 시작하면 여러 가지 장점이 있다. 먼저 돈에 대한 막연한 불안함, 걱정, 답답함과 같은 부정적 감정들이 조금 사라진다. 우리가 여러 매체를 통해서 접하는 돈의 액수는 대부분 큰 덩어리로 뭉쳐 있는 자산들이다. 그러다 보니 재테크 공부를 한답시고 경제 기사를 보다가도 닿을 수 없을 것 같은 자산 규모에 지레 의욕이 꺾여버리는 경우가 많다. 그런데 내가 원하는 종잣돈, 또는 목표 금액을 쪼개서 보기 시작하면 시간은 조금 걸리겠지만 차근차근 모아보면 할 수 있겠다는 마음이 생긴다.

같은 맥락으로 찬찬히 1억 모으기를 해나가다 보면, 10억도 모을 수 있겠다는 자신감이 생긴다. 1억 원을 한 덩어리로 보면, 전액을 모았을 때에야 비로소 목표를 달성한 성취감을 느낄 수 있다. 그러나 이를 100만 원씩 100개로 쪼개면, 100만 원을 모을 때마다 작은 목표를 이루게 되어 매 단계마다 성취감을 느끼고 자존감도 높아진다.

이렇게 거듭 당부를 하는 이유는 과거의 내가 그러지 못했기 때문이다. 스물여덟에 결혼을 한 나는 신혼집을 매매하면서 1억이라는 대출을 받게 됐다. 지금의 1억과는 가치가 또 다르지만, 당시 나에게 1억이라는 돈은 너무 크게만 느껴졌다. 게다가 대출이 난생처음이다 보니, "도대체 이 돈을 언제 다 갚지?" "어떻게 모으지?"라고 늘 생각하면서 그 무게에 짓눌려 있었다. 지금 생각하면 그럴 필요가 전혀 없었는데 말이다. 그리고 비로소 1억을 모았을 때 그 무게에서 벗어났던 것 같다.

그래서 이제 막 1억 모으기를 시작하시는 분들에게는 그 과정도 충분히 의미 있게 즐기시기를 바라는 마음에 가볍게 100만 원 모으기부터 시작해보기를 추천한다. 재테크는 살아가는 일평생 동안 해야 하는 일이기 때문에 그 과정에서 너무 스트레스를 많이 받지 않으면서 하는 것도 중요하다. 1억 모으기를 조금은 가벼운 마음으로 해나갈 준비가 되었다면, 이제 실질적인 요령을 만나보자.

3 고·변·연! 세 가지를 파악하자!

1억을 100만 원씩 100조각으로 쪼갰다면 이번에는 수입과 지출을 조각조각 쪼개볼 차례이다. 재테크는 한 덩어리로 뭉쳐진 걸 자꾸만 쪼개는 작업의 연속이다.

먼저 수입을 살펴보자. 그동안 수입을 한 덩어리라고만 생각했을 것이다. 수입의 형태는 다양하겠지만 대체로 직장인으로서 받는 월급이나 자영업, 사업에서 나오는 수익이 소득의 큰 축이다.

그런데 잘 들여다보면 생각지도 못하게 발생하는 수입이나 비정기적으로 들어오는 수입이 있다. 예를 들어 직장인이라면 상여금이나 성과급이 있을 수 있다. 또 가족이나 주변 지인들이 주는 경조사비가 있을 수 있다. 이런 돈이 수입에서 놓치기 쉬운 부분이다.

그리고 많은 사람이 이렇게 비정기적으로 들어오는 돈을 공돈이라고 생각해서 평소 사고 싶었던 걸 사거나 평소보다 쉽게 써버린다. 하지만 큰 덩어리의 수입 외에 발생하는 수입까지도 반드시 내 수입으로 생각하고 관리해야 한다. 나의 경우에는 지인과의 계모임에서 생일이 되면 일정 금액 생일축하금을 서로 주고받는다. 이때 나는 축하금까지도 수입에 포함한다. 아이를 만난 지인이 반갑다며 주는 소소한 용돈에서부터 내 생일, 남편 생일에 부모님이 보내주는 축하금도 모두 수입으로 적는다. 그냥 흘려보내기 쉬운 돈을 기록하면서 1년 치를 살펴보면 말 그대로 티끌 모아 태산이라고 금액이 꽤 되어 놀랄 것이다. 또 요즘은 부업도 많이 하는 편이기에 크든 크지 않든 매달 발생하는 부수입도 모두 기록해야 한다. 투자금이 많지 않아서 배당금이 적게 들어올 수도 있지만 이런 것도 모두 수입으로 기록해야 한다.

하나씩 따지다 보면 어디까지 나의 수입에 포함해야 하는지 궁금

나의 수입 리스트
월급
상여금 및 성과급
SNS 부수입
당근마켓 수입
배당금
이자
투자 소득
경조사비

해질 것 같다. 참고할 수 있도록 개인적으로 가계부에 수입으로 기록하는 것들을 리스트로 나열해 보았다. 참고해서 어디서 나의 수입이 발생하는지, 나의 수입원들을 파악해서 한 푼도 빠짐없이 꼼꼼하게 관리해보자.

그런데 사실 수입 관리는 범위를 한 번만 잘 인지해두면 파악하기 그다지 어렵지 않다. 문제는 지출 관리다. 일단 지출을 크게 세 덩어리로 나누어 봐야 하는데 다음과 같이 나눌 수 있다.

1) 고정비

말 그대로 매달 고정적으로 발생하는 지출을 말한다. 보통 주거로 인한 비용, 보험료, 핸드폰 요금, TV·인터넷 등의 통신비, 관리비, 가스비, 교통비 등이 포함된다.

2) 변동비

우리가 흔히 생활비라고 말하는 항목으로, 매달 먹고 입고 생활하는 데에 드는 비용이다. 변동비에서 가장 큰 비중을 차지하는 건 식비이고, 이외에도 의류비, 의료비, 주유비, 생필품비, 자기계발비 등이 여기에 속한다.

3) 연간비

말 그대로 1년 동안 비정기적으로 발생하는 비용으로 고정비나 변동비의 경우 매달 지출이 발생하다 보니 인지하고 있지만 연간비는 미리 대비하지 못하는 경우가 많다. 그러다가 갑자기 발생하는 비용 때문에 매달 지출 관리 전체가 틀어지는 경우가 많다. 따라서 연간비에 대해서 항목별로 미리미리 파악해서 대략적인 1년치 예산을 짜두고 그 안에서 활용하는 게 전체적인 지출 관리에서 중요한 부분이다.

연간비에 포함되는 대표적인 비용이 경조사 비용으로 명절, 생일, 기념일 등 주변 가족과 지인들의 경조사에 발생하는 지출이다. 세금도 매년 챙겨야 한다. 부동산 자산이 있다면 이에 대한 세금과 자동차 관련 세금 등이 주로 해당한다. 끝으로 여가·문화생활 비용도 변동비가 아닌 연간비로 관리한다. 세금이나 경조사비와 달리 여가·문화생활비는 내 의지로 조절이 가능한 부분이라 무조건 아껴야 하나 싶은 부분인데, 오히려 이렇게 예산을 정해놓고 쓰면 돈을 쓸 때이 한도 안에서는 자유롭게 쓰자 싶어져서 마음도 편하고, 어느 정도 제한을 두기 때문에 과소비도 막을 수 있어서 여러모로 이점이 있다.

자, 이제 나만의 지출 목록, 고·변·연(고정비, 변동비, 연간비)리스트를 만들어보자. 사람마다 생활 방식이 달라서 각각에 들어가는 항목이 달라질 수 있으니, 반드시 나만의 리스트가 있어야 한다. 이제 내 돈이 매달 나한테 왔다가 어디로 흘러 들어가는지 그 작은 물줄기들이 파악되었으면, 항목별로 절약해야 한다. 하지만 무조건 다 줄이는 게 해결책은 아니다. 고정비·변동비·연간비 각각 항목별로 절약하는 방식이 다르다. 어떻게 줄여나가야 하는지 다음에서 살펴보자.

4 고정비 줄이기가 절약의 첫걸음!

막상 절약을 마음먹었지만 어디까지 쓰고, 어디까지 아껴야 하는지 고민이 많아진다. 어떻게 절약해야 1억을 빨리 모을 수 있을까?

1) 1억 모으기 하는 동안 차를 사도 될까?

절약하겠다고 마음먹은 사람들 대부분이 사소한 생활비부터 줄이기 시작한다. 식비, 전기요금, 난방비, 프랜차이즈 카페의 커피 등등. 그런데 실제로 절약의 효과를 제대로 보려면 고정적으로 큰돈이 나가는 것을 줄여야 한다. 예를 들어 스타벅스 커피를 한 달 내내 참았다고 치자. 음료 가격이 대략 6,000원이라고 가정했을 때 30일 내내 참아서 아낀 돈이 18만 원이다. 그런데 한편으론 수천만 원짜리

차를 할부로 뽑고 매달 큰 금액이 나가고 있다면 이게 과연 제대로 된 절약일까?

그래서 내가 1억 모으기를 하는 동안 가장 중요하게 생각한 게 쓸데없이 고정적으로 큰 금액이 발생하는 건 하지 않는 것이었다. 그중에 가장 큰 절약은 자동차를 사지 않은 것이다. 당시 나는 제대로 된 내 집을 마련하기 전까지는 차를 사지 않기로 다짐했다. 지금 생각해도 1억 모으기를 하는 동안 가장 잘한 선택이었다. 그 결심에는 투자자산이 아닌 것에 큰돈을 소비하지 않겠다는 마음이 있었다. 평생 그렇게 살겠다는 것이 아니라, 집도 자동차도 필요하지만 둘 중에 소비 순서를 정한다면 당연히 투자자산으로서 가치가 있는 집이 먼저라고 생각했다.

그리고 자동차를 사게 되면 매달 꽤 큰 금액의 지출이 발생할 게 뻔했다. 먼저 구매대금이 있었는데, 대부분 할부로 자동차를 사다 보니 여기서 매달 큰 금액의 지출이 발생하게 된다. 여기에 보험료와 주유비, 자동차세까지 각종 유지비도 무시할 수 없다. 또 자동차가 생기면 자연스레 늘어날 여행과 나들이 경비를 생각하면, 자동차를 사지 않았을 때 아낄 수 있는 비용이 꽤 많다. 적게는 몇십만 원부터 많게는 백만 원을 넘어가는 돈인데, 이 돈을 매달 저축하면 1억을 모으는 기간을 그만큼 단축할 수 있다.

여기까지 보면 자동차도 사지 말고 뚜벅이로 생활하면서 나들이도, 여행도 가지 않아야 1억을 모을 수 있다는 말처럼 들린다. 나는 그렇게까지는 못 하겠다는 생각이 들 수 있다. 물론 할 수 있는 한 최대한 짧은 시간 안에 1억을 모으고 싶다면 굳이 말리지는 않겠지만, 개인적으로 추구하는 방향은 절약하더라도 그 안에서 최대한 즐길 수 있는 것을 즐기며 삶의 질을 유지하자는 쪽이다. 그러다 보니 뚜벅이로 생활하면서도 크게 스트레스를 받지 않고, 또 여행과 나들이도 적절히 즐기는 나만의 방식들을 몇 가지 터득하게 되었다. 이에 연애 2년과 결혼 4년, 총 6년의 노하우가 녹여진 뚜벅이 생활의 꿀팁을 소개하고자 한다.

(1) 부모님 찬스 쓰기

가장 쉬운 방법이다. 예를 들면 국내 여행을 할 때 대중교통만으로는 힘들 때가 있는데, 이럴 때 미리 부모님께 말씀드려 보험도 들어놓고, 부모님 자동차로 여행을 다녀오면 된다. 이때는 공유 자동차가 나오기 전이라 이런 방법을 이용했는데, 지금도 유효한 방법이다.

(2) 셔틀버스 이용하기

스키장과 같은 특정 여행지에 놀러 갈 때 쓰는 방법이다. 스키장 같은 곳이 자동차가 있어야 가기 편한데, 여의치 않다면 자체적으로 운영하는 셔틀버스를 이용하면 어렵지 않게 다녀올 수 있다.

(3) 공유 자동차 이용하기

뚜벅이들이 가장 비빌 수 있는 언덕은 공유 자동차이다. 요즘은 쏘카 같은 공유 자동차가 정말 잘 되어 있어서 뚜벅이 생활이 훨씬 편해졌다. 공유 자동차를 이용하면 부모님 찬스를 쓰거나, 셔틀버스를 탈 필요도 없다.

(4) 필요할 땐 택시 타기

뚜벅이로 생활하면서 많은 갈등을 일으키는 게 택시를 얼마나 타야 할지인데, 아무래도 자동차가 없으니 급할 때나 초행길에는 택시를 타게 되는 일이 꽤 있다. 그러다 보면 자동차를 사는 게 더 나은 것 같다는 생각이 들기도 한다. 그러나 내 경험상 생활의 모든 이동을 택시로 하지 않는 이상, 필요할 때마다 택시를 꽤 탄다고 해도 자동차를 구매해서 매달 발생하는 비용보다 적게 든다.

그러니 너무 고민하지 말고, 너무 덥거나 추운 날에는 무리해서 대중교통을 이용하지 말고 그냥 택시를 타도 된다. 오히려 늘 대중교통을 이용하겠다는 강박관념으로 몸을 힘들게 하다 보면 어느 날 갑자기 충동적으로 자동차를 사버릴 수 있다. 그보다는 내 몸을 너무 고생시키지 말고 적절히 택시를 이용하면서 1억을 모을 때까지 자동차를 사지 않는 것이 장기적으로 이득이다. 이왕이면 내 몸과 마음이 덜 지치고, 덜 고생하는 방법들을 잘 활용해서, 뚜벅이 생활을 즐겁게 해나가며 1억 모으기를 했으면 좋겠다.

2) 집, 자동차, 명품은 소비하는 것도 순서가 정해져 있다?

이 중에서 어떤 걸 먼저 사야 자산가에 한 걸음 더 가까워질 수 있을까? 이제는 알려주지 않아도 알고 있으리라 생각한다. 위에 나열한 순서대로 집 - 자동차 - 명품 순이다. 그 이유는 앞에서 언급한 대로 집은 투자 자산이기 때문에 가장 우선이고, 자동차와 명품 가방 중에서는 생활에 더 필요한 것을 따져봤을 때 당연히 자동차가 된다. 대표적으로 이 세 가지를 이야기했지만, 재테크를 하면서 무언가 소비할 때는 큰 틀에서 이런 기준으로 접근하면 좋다. 이게 투자자산인지, 생활에 필요한 건지, 또는 더 밀접하게 필요한 게 무엇인지.

그런데 많은 사람들이 거꾸로 된 소비를 한다. 명품을 사고, 자동차를 충동적으로 구매하고 그제야 집을 사려고 한다. 사람마다 삶에 대한 가치관과 즐거움을 느끼는 지점이 달라서 잘못됐다고 말할 수 없지만 자산가를 꿈꾼다면, 적어도 자신이 원하는 수준의 자산을 모으고 싶다면, 무엇을 먼저 소비해야 할지는 어느 정도 정해져 있다.

3) 차 외에 줄이면 좋은 고정비 항목은?

자잘한 항목은 나중에 다시 살펴보기로 하고, 자동차 이외에 매달 큰돈이 새는 항목은 뭐가 있을까? 보통 비용이 많이 드는 고급 취미생활이 있을 수 있다. 취미생활을 할 때 매달 수강료나 필요한 장비나 물품을 사는 비용이 너무 많이 들어가는 고급취미는 잠시 접어두는 것이 좋다. 또 아무리 건강관리가 좋다지만 헬스장에서 1:1 PT를 받거나 필라테스 강습을 1:1로 끊는 것 등도 충분히 저렴한 방식으로 대체할 수 있어서 불필요하게 지출되는 고정비들이다. 다만 이런 것들을 평생 하지 말라는 건 절대 아니다. 1억 모으기를 하는 동안에는 잠시 멈추는 게 도움이 된다는 말이다.

4) 다음 일곱 가지는 하지 말자!

그렇다면 자동차 이외의 자잘한 고정비용들은 어떻게 해야 할까? 여름에 에어컨을 최대한 적게 틀어서 전기요금도 아끼고, 겨울에는 집에서 수면 잠옷 입으면서 난방을 덜 틀어서 난방비도 아껴야 하나? 핸드폰 요금은 어떻게 하지? 유튜브 프리미엄으로 보던 건 끊어야 할까? 이런 사소한 부분들이 고민될 수 있다.

개인적으로 크게 스트레스를 받지 않고 절약을 지속하기 위해서는 전기요금, 난방비와 같이 매일 신경 써야 하는 항목들보다 핸드폰 요금이나 각종 콘텐츠 유료 서비스 비용 등 정액제의 개념으로 나도 모르는 사이에 매달 나가는 돈들을 줄이는 것을 추천한다. 이런 방식의 절약법을 '시스템 절약'이라고 이름을 붙여보았다.

'시스템 절약'이란 매달 발생하는 고정비를 최소화하는 것에 초점을 맞춘 절약 방식이다. 다만 말 그대로 시스템적으로 매달 자동적으로 발생하는 지출 항목들은 줄이고, 대신 전기요금, 난방비처럼 아끼기 위해서 내 에너지를 매번 써야 하는 항목들은 크게 신경 쓰지 않고 편하게 지출하는 방식이다.

그러면 고정비가 최소화되는 시스템을 만들어두기 위해서는 구체적으로 어떤 항목들을 줄여야 할까? 실제로 내가 1억 모으기를 하는 동안 절대로 하지 않았던 일곱 가지를 통해 알려주고자 한다.

(1) 자동차 사지 않기

첫 번째는 자동차를 사지 않은 것이었는데 이 부분에 대해서는 앞서 충분히 다루었으니 자세한 설명은 생략하기로 한다.

(2) 최신형 핸드폰을 쓰지 않기

최신형 핸드폰은 곧 핸드폰 요금과 연결된다. 나는 결혼하고 나서 몇 년간 최신 기종을 써본 적이 없었고, 항상 저가 핸드폰이나 공짜 핸드폰을 사용했다. 더불어 약정 기간 전에 핸드폰을 바꾼 적도 없었다. 핸드폰 요금은 현대인들이라면 살아가면서 대부분 지출하게 되는 비용이다. 안 쓸 수 없고, 게다가 거의 평생 지출하는 항목이기라 긴 시간 동안 아낀 비용이 쌓이면 꽤 큰 금액이 된다. 따라서 애초에 내가 생활에 불편하지 않은 정도의 선에서 요금제를 최대한 저렴하게 세팅해두는 것이 필요하다.

(3) 고장 나지 않는 한 새로운 가전·가구 사지 않기

이 원칙은 1억을 모은 이후에도 계속 실천해 무려 10년 동안 지켜왔다. 10년 동안 신혼 때 샀던 가전제품 중에서 바꾼 것은 딱 세 가지였다. 고장으로 인해 더는 쓸 수 없었던 밥솥과 믹서기, 그리고 유선 청소기. 다이슨 무선청소기의 등장으로 모두가 무선청소기를 사용할 때였지만 꿋꿋하게 7년 동안 유선 청소기를 사용했고, 결국 고장이 나고 나서야 무선청소기로 바꿨다.

사실 이렇게 생활하는 게 쉽지는 않았다. 10년이라는 시간 동안 각종 신상 가전제품들이 정말 많이 나왔다. 지금은 거의 필수품처럼 되어버린 에어 프라이어, 무선 청소기, 스타일러, 로봇 청소기, 건조기 등 유혹이 없지는 않았지만, 처음부터 이런 제품들 없이 생활해서 그런지 크게 불편하지 않았다.

게다가 10년 동안 이사를 꽤 많이 했지만, 이사 간 집에 맞춰서 가구를 새로 구매하는 일도 없었다. 이렇게 했던 이유는 가전·가구를 바꾸는 데 큰돈이 들어가기 때문이다. 그러다 보면 카드 할부로 구매를 하게 되고, 이런 비용들이 몇 개월 동안 예상치 못했던 고정비가 되어버린다. 물론 소형 가전제품 정도는 바꿀 수도 있다. 하지만 이게 정말 나한테 꼭 필요한가 생각했을 때 "그렇지 않다"라는 답이 나와서 바꾸지 않았다. 또 큰 틀에서 원칙을 지켜나가겠다는 다짐을 했기에 소형 가전제품까지 그대로 사용한 것도 있다.

가전·가구를 살 때는 이게 정말 나한테 꼭 필요해서 사는지, 아니면 "이거 없으면 너무 불편할 거 같지 않아?" 또는 "요즘 이거 없는 집이 어디 있어?"와 같은 무언의 압박감을 주는 마케팅에 혹해서 사는지 잘 따져봐야 한다. 그래야 큰돈이 새는 구멍을 막을 수 있다.

(4) 신용카드 할부 서비스 이용하지 않기

나는 신용카드 할부 서비스를 이용한 적이 없다. 일시불로 감당하지 못할 금액의 물건은 사지 않았고, 정 원하는 소비가 있으면 돈을 모은 다음에 소비를 하는 식으로 했더니 쓸데없는 과소비가 발생하지 않았다.

주로 내가 감당하지 못할 소비를 할 때 할부 서비스를 사용하게 되는데, 그러다 보면 이게 야금야금 모여서 과소비의 주범이 된다. 또 나도 모르는 사이에 하나둘 결제한 할부 서비스들이 모여서 고정비가 늘어난다. 할부는 건전한 소비습관을 해치는 주범이기 때문에 할부 서비스만 이용하지 않아도 적절한 소비 통제를 할 수 있다.

(5) 명품 가방이나 명품 시계 등 사치품 사지 않기

1억 모으기를 하는 동안뿐만 아니라 그 후에도 목표했던 자산을 달성하기 전까지는 고가의 사치품을 사지 않았다. 아무래도 명품을 구매할 때 할부로 사는 사람들이 많은데, 이렇게 6개월, 12개월 할부로 쉽게 명품을 구매하다 보면 이 또한 고정비를 늘리는 주범이 된다. 특히나 요즘은 각종 SNS를 통한 인증샷이 중요하기 때문에 무리해서 이런 것들을 사는 경우가 많다. 그런데 진짜 부자가 될지, 부자처럼 보이다가 끝날지는 각자의 선택에 달려 있다.

(6) 각종 유료 스트리밍 서비스 이용하지 않기

내가 1억 모으기를 할 당시에는 유튜브 프리미엄이나 넷플릭스 등이 활성화되어 있을 때가 아니기도 했지만, 고정비를 최소화하는 차원에서 기타 각종 콘텐츠를 매달 유료로 이용하는 서비스는 쓰지 않았다. 사실 이 부분은 요즘처럼 일상생활에서 각종 콘텐츠를 많이 소비하는 시대에는 조금 맞지 않을 수도 있다. 시대에 맞춰서 이런 서비스들을 아예 안 쓸 순 없겠지만, 생각 없이 여기저기 결제해놓은 유료 서비스 중에 불필요한 것은 없는지 살펴볼 필요가 있다.

(7) 유료 이모티콘 구매하지 않기

나는 카카오톡 이모티콘이나 네이버 이모티콘 등 유료 이모티콘을 구매한 적이 없다. 비록 적은 돈이지만 그만큼 불필요한 곳에는 1원 한 푼 쓰지 않겠다는 마음에서였다. 개인적으로 카카오톡 대화 중에 이모티콘으로 감정을 전달하는 걸 좋아하는 편인데, 생각보다 무료로 배포되는 이모티콘들이 꽤 많다. 이런 것들을 잘 활용하면 굳이 돈 주고 이모티콘을 사지 않아도 불편함 없이 활용할 수 있다.

이렇게 1억을 모으는 동안 내가 직접 실천했던 일곱 가지를 살펴봤는데, 이걸 토대로 나의 고정비 지출을 하나씩 찬찬히 뜯어봐야 한다. 앞에서 언급한 일곱 가지 중에 "이건 꼭 하세요"라고 말할 수 있는 건 자동차 사지 않기, 핸드폰 비용 최소화, 그리고 신용카드 할부 서비스를 이용하지 않기 정도이다.

나머지는 사람에 따라서 특정 물건이나 콘텐츠에 큰 효용과 기쁨을 느낄 수도 있기에 너무 과하지 않은 선에서 조절한다면 괜찮다. 따라서 나는 어떤 부분에서 조금 더 즐거움을 느끼고, 어떤 건 꼭 없어도 되는지 자신을 돌아보고 나만의 시스템을 맞춤 설계해보자.

고정지출은 아니지만 1억을 모으는 동안 내가 하지 않았던 또 다른 세 가지

온라인이나 홈쇼핑으로 물건 사지 않기

인터넷이나 홈쇼핑을 통해서 좋은 물건을 저렴한 가격에 잘 살 수도 있지만, 아무래도 필요한 물건을 저렴하게 사는 비율보다 클릭 한 번, 전화 한 통으로 불필요한 물건을 마구 사들이게 되는 비율이 높을 것 같았다. 그래서 정말로 필요한 생수·휴지·물티슈 이런 생필품만 모바일 쇼핑을 이용해서 구매했고, 그 외에 의류·가전제품·주방용품 등은 무조건 오프라인 매장에서 직접 보고 꼭 필요할 때만 구매했다.

이렇게 했더니 확실히 불필요한데 괜히 순간적으로 혹해서 샀다가 안 쓰고 후회하는 이런 물건들이 거의 없었다. 지금은 쿠팡 등을 이용하면 생활이 훨씬 편리해지므로 이런 문명의 이기(?)를 굳이 극단적으로 거부할 필요는 없다. 다만 홈쇼핑의 경우 워낙 말주변이 훌륭하신 분들이 나와서 안 사면 큰일 날 것처럼 말하므로 굳이 스스로 유혹의 한복판으로 들어갈 필요는 없을 것 같다.

모바일 또는 인터넷 쇼핑의 경우 식료품이나 생필품 등으로 그 품목을 한정해두면 도움이 될 것이다. 모바일을 통해서 필요하지 않은데 사게 되는 대표적인 항목이 '옷'인데, 외모와 피지컬이 훌륭한 모델들이 해당 옷을 입고 화려한 조명 아래에서 반짝반짝 빛나게 찍어놓은 사진과 영상들로 사람들을 유혹하기 때문이다. 뼈아픈 소리를 하나 하자면 슬프지만 나는 그 모델이 아니다. 그러니 괜히 이런 유혹에 넘어가서 내 주머니에서 돈이 새어나가게 하지 말자.

프랜차이즈 카페 이용하지 않기

습관적으로 매일 마시는 프랜차이즈 카페의 커피나 음료를 한 번 두 번 마실 때는 한 잔에 몇천 원이기에 그리 큰돈이 아니지만, 이게 1년 동안 모이면 꽤 큰 금액이 된다. 한 잔에 6,000원이라고 치고, 30일이면 18만 원인데, 이게 1년 모이면 216만 원이다. 당장 1,000만 원 모으기, 2,000만 원 모으기를 할 때는 이 금액도 꽤 크다.

사실 계속 이렇게 할 수는 없고, 1억을 모으는 동안만, 그것도 어렵다면 3,000만 원 정도 모을 때까지만 바짝 지키면 좋을 원칙이다.

게임 아이템 구매하지 않기

개인적으로 모바일 게임을 종종 하는데, 단 한 번도 유료로 아이템을 산 적이 없다. 돈을 써서 아이템을 구매해야 하는 게임은 처음부터 아예 하지 않았다. 이런 식으로 꼭 게임뿐만 아니라 중독성이 있고, 돈이 나도 모르게 조금씩 새어나갈 수 있는 것들은 애초에 원천봉쇄하는 게 종잣돈을 모으는 데 도움 된다.

5) 매달 보험료는 얼마가 적당할까?

고정비 줄이기를 위해서 반드시, 꼭 살펴봐야 하는 것이 바로 보험이다. 보험이야말로 한번 세팅해두면 대부분 20년 납입, 25년 납입 등으로 장기간 가져가는 진정한 '고정비'이다 보니 처음부터 잘 따져서 꼼꼼하게 제대로 세팅을 해두는 게 정말 중요하다.

그런데 보통은 보험에 가입할 때 받는 서류의 내용이 복잡하다 보니 일일이 알아보는 게 귀찮기도 하고 또 어렵기도 해서, 엄마 친구나 아빠 친구 등 주변 지인분들이 권유하는 상품에 대충 가입하는 경우가 많다. 게다가 지인이라는 이유로 '적당히 알아서 해주셨겠지' 하고 믿은 채, 정작 내 보험이 어떤 것들이 보장되는 것인지도 잘 모르고 매달 보험료만 꼬박꼬박 내고 있는 안타까운 경우가 참 많다. 이런 불상사를 막기 위해서는 이제라도 내 보험증권 서류를 꺼내서 꼼꼼히 확인해보고 적절히 리모델링하는 게 필요하다.

여기서 근본적으로 이런 의문을 가지는 사람도 있을 것이다. "보험을 아예 안 들면 되지 않나? 보험을 꼭 들어야 하나?" 사실 젊은 나이에는 딱히 크게 아프거나 하는 일이 잘 없다 보니, 이렇게 매달 돈을 내는데 돌려받는 비용이 없거나 적은 게 아닌가 하는 생각이 든다. 괜히 손해 보는 것 같은 느낌도 들고. 특히나 갑자기 정신 차리고 재테크에 관심을 가지면서 종잣돈을 모으려고 할 때는 매달 발생하는 고정비인 보험료가 눈엣가시같이 느껴진다. 이것만 없으면 내가 이만큼씩 더 모아서 종잣돈도 더 빨리 모으고 재테크에 활용할 수 있을 것 같은데 싶은 마음이 든다.

그래서 실제로 종잣돈 모으기를 하면서 기존의 보험을 모두 해지하시는 사람들도 종종 있는데, 개인적으로는 무리하지 않는 선에서 최소한의 보험은 들어두는 것이 좋다고 생각한다. 우리가 하는 재테크가 하나의 축구 경기라고 생각을 해보면, 이 중에서 주식이나 코인 등의 투자는 화려하게 골을 넣는 스트라이커이고, 장기적으로 돈을 묻어둬야 하는 부동산이 중간 수비수 정도라면 보험은 재산 관리 측면에서 최종 골문을 지키는 골키퍼 같은 존재이다.

이렇게 봤을 때 축구선수 11명 모두 공격에 투입되면 물론 공격 기회는 조금 더 늘어나겠지만, 정작 중요한 골대가 비게 된다. 마찬가지로 주식, 코인, 부동산 투자를 성공적으로 잘하고 있다가도 정말 예기지 못한 순간에 큰 사고를 당한다거나 큰 질병에 걸렸을 때 골대가 비어 있으면 공든 탑이 한순간에 무너질 수 있다. 그래서 보험이 아예 없으면 만일의 경우 나한테 어떤 타격이 있을까를 따져보고, 보험은 최소한의 안전장치로 가져가는 게 좋다.

그렇다면 매달 보험료를 얼마 정도 내는 게 적절할까? 이에 대해서 소득대비 비율로 따지는 팁들을 많이 접하게 된다. 소득대비 10%면 적당하다, 이런 이야기가 있지만 사실 이것도 많은 편이라고 생각한다. 물론 각자의 소득에 따라서 달라지긴 하겠지만, 실제로 나의 경우에는 소득의 5% 미만으로 보험료를 쭉 내고 있다.

보험료 책정은 연령대가 중요하기 때문에 2030세대라면 7~8만 원에서 많아도 10만 원 이내로 가입하는 걸 추천한다. 이는 기본적으로 가입해야 하는 실비보험, 암보험, 뇌·심장질환 관련 보험 등으로 적당히 세팅했을 때의 금액이다. 여기서 주의할 점은 이금액이 '보장성 보험'만을 의미한다는 것이다. 보장성 보험이란 연금보험 등은 포함되지 않은, 내가 다치거나 사고가 나거나 하는 등 정말 아플 때 그 비용을 받을 수 있는 보험이다.

이때 유념해야 할 점은 이 정도 금액이면 모든 위험에 다 대비할 수 있을 만큼 충분하다는 뜻이 아니라는 것이다. 재테크 측면에서 쓸데없는 보험에 내 돈을 지출하지 않으면서도 최소한의 안전장치를 마련해둘 수 있는 보험료가 이 정도라는 이야기이다.

6) 나에게 맞춤형인 보험을 세팅하는 일곱 가지 방법

그럼 이제 나에게 맞는 맞춤형 보험을 세팅해야 하는데, 보험에 가입하거나 기존에 가지고 있는 보험을 리모델링할 때는 보험료를 적절히 내면서도 보장을 탄탄하게 하기 위해 일곱 가지를 따져보면 좋다.

(1) 제일 먼저 몇 년 납입, 몇 년 만기 상품인지 확인하기

통상적으로 20년, 25년, 30년 납입, 100세 만기 상품이 가장 많이 가입하는 무난한 상품이다. 그런데 생각보다 이런 기본을 지키지 않은 보험 상품들이 정말 많다. 내 경우에도 '25년 납입, 100세 만기' 상품인 줄 알고 가지고 있었는데, 노후 대비 점검을 해보다가 '3년 갱신, 100세 납입, 100세 만기'로 이루어져 있다는 걸 알게 되어 깜짝 놀랐던 경험이 있다.

어떻게 이런 일이 생겼을까? 별로 중요하지 않고 확률적으로 일어날 가능성이 가장 적은 것들만 '25년 납입, 100세 만기'로 되어 있으면서, 마치 전체 보험 상품이 '25년 납입, 100세 만기'인 것처럼 은근슬쩍 설명했기 때문이다. 정작 나이가 들어서 발생 확률이 높은 대부분의 항목이 '3년 갱신, 100세 납입, 100세 만기'로 이루어져 있었다. 결국 3년마다 계속 보험료가 갱신돼서 높아지면서 심지어 이 보험료를 100세까지 내야 하는 보험을 들고 있었던 것이다.

그대로 가지고 있었으면 아마 50세, 60세에는 보험료가 3년마다 갱신되어 어마어마해졌을 것이고, 정작 나이 들어서 보험이 많이 필요할 때 해지해야 하는 불상사가 생겼을 것이다. 따라서 내 보험이 제대로 되어 있는지 확인할 때 가장 먼저 봐야 하는 대목이 이 부분이다.

(2) 반드시 비갱신형 상품으로 가입하기

비갱신형 상품은 갱신형과 달리, 내가 보험료를 납입하는 동안 월 보험료가 고정되어 있어서 오르지 않는 상품이다. 예를 들어서, 내가 매달 10만 원씩 내고 있다면 앞으로 20년, 또는 25년 동안 고정으로 10만 원만 내면 되니까 부담도 덜하고 계속 유지하기도 쉽다. 그런데 실비보험 같은 경우에는 비갱신형은 불가능하다. 또 요즘은 완전 100% 비갱신형인 상품들이 많지 않아서 열 가지 항목 중에 일고여덟 가지는 비갱신형으로 한다든지 하는 식으로 최대한의 항목들을 비갱신형으로 구성하는 게 중요하다.

(3) 꾸준히 유지할 수 있는 월 납입 상품으로 가입하기

보장이 이것저것 다 들어 있으면 좋겠지만, 그런 상품은 월 납입료가 더 비쌀 수밖에 없다. 그렇다고 도중에 해약하면 보험은 무조건 손해를 입는다. 그러니 20년, 25년 또는 30년 동안 해약하지 않고 내가 꾸준히 납입할 수 있는 부담 없는 금액인지 꼭 따져보는 것이 중요하다.

특히 무해지환급형이라고 해지 환급금 미지급형인 상품이 있는데, 이건 납입 기간 도중에 해지하면 환급이 안 되지만, 대신에 같은 보험료라면 보장 내용이 더 좋거나, 또는 같은 보장 내용이라면 보험료가 더 낮아지는 상품이다. 따라서 20~30년 계속 납입하고 노후에 가서 보장받는 보험을 원한다면 무해지환급형 상품에 가입하는 게 더 유리하다. 실제로 나는 이런 부분들을 내 보험을 리모델링하면서 확인해 보고, 실비보험을 제외하고는 20년 납입, 100세 만기 또는 종신형인 상품, 그리고 비갱신형이면서 해지환급금 미지급형인 상품들로 리모델링을 해두었다.

그러면 구체적으로 누구한테 어디서 어떤 보험을 들어야 할까?

(4) 보험클리닉의 보험설계사에게 상담 받기

일단 무조건 주변에 아는 사람은 거르고, 보험클리닉에 있는 보험설계사에게 상담받는 걸 추천한다. 보험클리닉은 특정 보험회사가 아니라 여러 보험사의 상품들을 비교해서 고객에게 적합한 상품을 추천해준다. 그러다 보니 고객은 보험회사에 소속되어 본인 회사의 상품만 추천해주는 설계사들에 비해 훨씬 적합한 상품을 만날 수 있다는 장점이 있다.

또 '보험다모아'라는 인터넷 사이트를 통해서도 가장 저렴한 상품을 찾을 수 있다. 그러나 실비보험 정도는 여기서 간단하게 비교를 통해서 가입할 수 있지만, 암보험이나 뇌·심장질환 관련 보험들 같은 경우에는 내용이 복잡해서 개인이 다 점검하고 인터넷을 통해서 가입하기에는 어려움이 있다.

(5) 보험 상품 하나하나 살펴보기

일단 하지 말아야 할 것부터 먼저 살펴보자. 보험 상품 중에는 매달 납입료에서 몇만 원씩 저금이 된다며 적립금이 포함된 상품들이 있다. 개인적으로 이런 상품은 추천하지 않는다. 예를 들어서 내가 10만 원의 보험료를 낸다고 했을 때 그중에 4만 원이 적립금이 되는 상품들이 있는데, 노년층의 경우 자동으로 저금이 되는 상품으로 알고 이런 상품을 선호한다.

하지만 기본적으로 보험은 저축을 위한 수단이 아니다. 기본 목적과 용도가 완전히 다른 상품이다. 만일 저축을 하고 싶다면 차라리 적립금만큼 따로 떼어서 적금 상품에 내는 편이 훨씬 더 낫다. 이런 적립금이 포함된 보험 상품에 가입하게 되면 예를 들어 매달 보험료는 10만 원인데 실제 혜택은 6만 원짜리와 같을 수 있다. 또 나중에 가서 적립금만 따로 떼서 받고 싶어도 불가능하거나 번거로운 경우가 많다. 따라서 꼭 적립금이 있는지 확인해보고, 별도의 적립금이 없는 상품에 가입하는 걸 추천한다.

(6) 내가 어떤 보험에 가입했는지 알고 있기

세상에는 수많은 보험이 있고 꼭 들어야 하는 보험에도 단계가 있다. 먼저 제일 기본은 실비보험이다. 실비보험이란 병원에서 치료를 받고 치료에 대한 치료비를 보장하는 보험을 말한다. 다음으로 암이나 뇌·심장질환 같은 큰 병에 걸렸을 때 진단비 또는 치료비를 받는 보험이 있는데 이 정도까지는 꼭 들어야 한다. 마지막으로 가정을 꾸렸거나 아이가 있거나 이런 식으로 책임을 질 사람이 있을 때 정말 만일의 경우를 대비한 사망보험까지 준비해둔다면 충분하다.

이 단계에 맞춰 보험에 가입해야 한다. 실비보험을 가장 먼저, 그 다음으로 암, 뇌·심장질환 진단비 보험, 마지막으로 사망보험 순이다. 엉뚱한 순서로 가입하지 않도록 주의해야 한다. 예를 들어 실비보험도 없는데 진단비 보험만 잔뜩 드는 경우가 있는데, 이런 식으로 하면 안 된다는 말이다.

실비보험 같은 경우에는 큰 틀에서 비슷비슷하기 때문에 많이 알아보고 따질 부분은 크게 없다. 하지만 암이나 뇌·심장 질환 관련 보험은 내가 설계하기에 따라서 보장 내용의 범위가 많이 달라질 수 있어서 그 부분을 미리 생각해두고 여기에 맞춰서 상품을 구성하면 좋다. 보통 암이나 뇌·심장질환 관련 보험은 치료비 보장 내역도 중요하지만 그 병에 걸렸다는 진단을 받았을 때 진단비라는 걸 얼마를 받을 수 있느냐에 따라서 구분한다. 그래서 진단비가 3,000만 원이냐, 5,000만 원, 1억이냐 이런 식으로 접근하면 된다.

따라서 나에게 이런 질병이 찾아왔을 때 생활에 지장을 받지 않으려면 얼마 정도가 필요할지 생각해봐야 한다. 설계사가 추천하는 보험 상품에 무작정 가입하는 게 아니라, 어느 정도의 보장이 필요한지 기준을 정하고 설계사에게 요구하면, 내가 원하는 수준으로 보험을 구성할 수 있다.

(7) 주계약(기본계약) 꼼꼼히 살펴보기

보험이라는 게 구성될 때 주계약 또는 기본계약이라고 해서 발생할 확률이 현저히 적어서 필요하지 않더라도 이 부분을 꼭 넣어야 전체 상품이 구성되는 항목들이 있다. 대표적인 예시로 일반상해후유장해, 일반상해사망 등이 있다. 따라서 이 부분이 최소한으로 되어 있는지를 확인하면, 설계사가 나에게 정말 도움이 되는 상품을 구성했는지 알 수 있다. 쓸데없는 부분에 보험료를 많이 책정하는 설계사도 있는데 이런 설계사에게는 상품 가입을 하지 않는 게 좋다.

이렇게 총 일곱 가지 점검 포인트를 설명했다. 보험은 한번 가입하면 20년, 30년이 좌우되므로 꼭 이것저것 꼼꼼하게 따져보고 처음부터 세팅을 잘 해두어야 한다. 혹시 지금까지 신경 쓰지 않고 있었다면 이번 기회를 통해 점검하고, 몇 년 동안 잘못된 보험을 가지고 있게 되는 불상사를 막을 수 있기를 바란다.

5 신용카드를 잘라야 할까?

종잣돈을 모을 때 가장 고민되는 것 중 하나가 바로 신용카드 사용 문제이다. 아무래도 신용카드로 결제를 하게 되면 현금이나 체크카드로 쓰는 것보다는 소비가 훨씬 쉬워진다. 그러다 보니 “돈 모으려면 카드부터 없애라던데, 이거 잘라버려야 되나?”라는 마음과 “그래도 계속 쓰던 습관이 있어서 쓰는 게 편한데…”라는 두 마음이 갈등하기 시작한다.

결론부터 말하자면, “나는 지난 10년 동안 신용카드를 편리하게 잘 사용해 오고 있다” “나는 정말 우주 최강 소비 요정이다” “나는 내가 사고 싶은 물건을 못 사면 손이 덜덜 떨린다”라고 할 정도로 통제력이 없는 사람이라면 모를까, 평범한 사람들 대부분은 신용카드를 사용하면서도 얼마든지 소비 통제가 가능하다.

이렇게 내가 신용카드를 사용하길 권장하는 이유가 따로 있는데, 바로 신용도 관리 차원에서다. 신용카드를 잘 사용하면 개인 신용도 관리에도 도움이 된다. 매달 감당할 수 있는 만큼 쓰고, 제때 카드 대금을 성실히 납부한 기록이 꾸준히 쌓이게 되면 개인의 신용도를 유지하거나 높이는 데 큰 역할을 한다. 개인의 신용도는 레버리지를 활용해서 투자할 때 굉장히 중요한 부분이기 때문에 신용카드를 '잘' 사용해서 신용도 관리를 꾸준히 하는 것이 좋다.

그렇다면 카드를 어떻게 쓰는 게 잘 쓰는 걸까? 단 하나의 원칙만 잘 지켜도 신용카드를 쓰되 과소비나 불필요한 지출을 막을 수 있다. 바로 할부 서비스를 이용하지 않는 것이다. 앞에서 간단하게 언급했던 바와 같이 나는 지난 10년간 할부 서비스를 이용한 적이 거의 없다. 딱 한 번 자동차 보험료를 3개월에 나눠서 낸 적이 있었는데, 이 경우는 소비성 지출에 해당하지 않는다. 이 외에 소비성 지출을 위해서 할부 서비스를 사용한 적은 단 한 번도 없었다.

할부의 단점을 생각할 때, 반대로 내가 언제 할부를 쓰는지를 생각해보면 답이 나온다. 이번 달에 충분히 감당 가능한 금액이면 굳이 할부를 할 필요가 없다. 그런데 지금은 조금 부담스러운 가격이지만 3개월, 또는 6개월로 나누면 부담이 확 줄어들면서 살 만하다는 생각이 들고, 심지어 12개월, 24개월 할부까지 가면 너무 가벼운 마음으로 충동구매를 하게 된다. 이런 식으로 할부를 이용해서 물건을 사기 시작하면 정말 못 살 물건이 없다. 할부를 등에 업고 천하무적이 되는 것이다. 그러다 보면 결국 과소비를 하거나 충동구매를 부추기기가 쉽다.

정말 사고 싶은 물건이 있을 때는 3개월 할부를 하기보다, 잠시 참았다가 3개월 동안 그 돈을 모아서 사면 된다. 심지어 나는 차를 살 때도 모아둔 돈으로 구매를 해서 할부 서비스를 이용하지 않았다. 이렇게 할부 서비스만 이용하지 않아도 많은 부분에서 적절한 소비 통제가 된다. 또 소비를 나누기로 생각해서 쉽게 해버리는 나쁜 습관도 애초에 차단할 수 있다. 그러니 단 하나의 원칙을 꼭 지키기를 당부한다.

1) 신용카드 쓰면서 절대 하지 말아야 할 세 가지!

신용카드를 사용하면 편리성뿐만 아니라 신용도 관리 측면이나 각종 생활 속 할인 혜택 등 다양한 장점을 누릴 수 있다. 그럼에도 불구하고 많은 사람이 신용카드 사용을 고민하는 이유는 바로 신용카드의 속성 때문이다. 이번 달에 돈을 쓰지만 당장 내 주머니에서 돈이 나가지는 않고, 익월에 청구된다. 바로 이 부분이 금전 감각을 무뎌지게 만드는 신용카드의 가장 큰 단점이라고 할 수 있다. 이런 이유로 본인의 능력보다 과하게 소비를 하게 된다. 이런 잘못된 소비습관에 차츰 물들면 소위 금융 서비스라고 하는 것까지 손을 대게 되는

데, 이 구렁텅이에 빠지면 자칫 헤어나오지 못하는 악순환의 굴레가 시작될 수 있다. 따라서 신용카드를 사용하더라도 현금서비스, 카드론, 리볼빙 서비스, 이 세 가지는 반드시 피해야 한다.

(1) 현금서비스

현금서비스는 단기 카드 대출의 일종으로, 신용카드 한도 내에서 현금을 인출할 수 있는 서비스이다. 연체 시에는 신용도가 하락할 수 있다.

(2) 카드론

카드론이란 장기 카드 대출 서비스로 이용자가 신용카드 한도와 별도로 신용카드 회사에서 대출을 받는 것으로, 신용카드 회사에서 가입 고객에게 까다로운 심사 절차 없이 무담보 신용대출을 해주는 것을 말한다. 바로 이런 점이 현금서비스와 다르다. 통상적으로 단기 카드 대출보다 한도가 높고 상환 기간이 긴 편이다. 이자율은 통상 10%대로 매우 높으며 상환 이전까지 신용점수를 깎아먹는다.

(3) 리볼빙 서비스

리볼빙 서비스는 '일부결제금액이월약정'이라는 이름으로 신용카드 대금 중 일부만 갚고 나머지는 다음 달로 이월시키는 서비스로, 카드사가 자동으로 일부만 갚아도 된다고 설정해두는 구조이다. 문제는 리볼빙 서비스의 이자율이 연 20%에 가까운 고금리라는 것이다. 더불어 장기간 이용할 경우 신용점수가 하락하게 된다. 간혹 할부와 리볼빙 서비스를 혼동하시는 분들이 있는데 엄연히 전혀 다른 서비스이므로 혹여나 착각해서 리볼빙 서비스를 이용했다가 카드값의 늪에 빠지는 사태를 미연에 방지하기 바란다.

앞서 설명한 세 가지 모두 정말 급하게 돈이 필요할 때 사용하라는 취지로 만들어진 서비스이지만 개인적으로는 애초에 시작하면 안 되는 서비스라고 생각한다. 세 가지 서비스 모두 기본적으로는 고금리라는 것이 문제다. 더군다나 그렇다 보니 점점 연체가 발생하고 처음에 얼마 되지 않았던 대출금이 어느새 고금리 이자와 만나서 눈덩이처럼 불어나는 것이 더욱 치명적이다. 갚아야 할 돈을 갚지 못하게 되면 점차 신용도가 하락하면서 악순환이 시작된다. 그렇기에 신용카드를 사용할 때 이 세 가지 서비스에는 아예 눈길도 주지 않아야 한다.

6 취향도, 취미도 모두 바꿔야 한다

우리가 살아가는 데 기본적으로 필요한 비용들, 주거비나 최소한의 식비와 의류비 정도를 제외하면 사실 생활에서 이루어지는 많은 소비에는 개인이 추구하는 취향 등이 반영되기 마련이다. 나아가 추구하는 라이프 스타일로 확대되면서 어떤 취미를 즐길 것인가의 문제로도 연결된다. 물론 사람이 인생을 살면서 나만의 멋진 취향을 갖고, 쳇바퀴 도는 일상의 피로를 날려줄 취미도 즐길 줄 아는 여유도 중요하다. 다만 종잣돈 모으기를 할 때는 이런 것들도 철저히 경제적인 관점에서 바라보고, 1억을 모을 때까지는 재테크 측면에서 도움 되는 방향으로 바꾸는 것이 좋다.

먼저 취미에 대해 말하자면 안타깝게도 제대로 취미생활을 즐기려고 하면 돈이 꽤 드는 경우가 많다. 골프나 와인, 스쿠버 다이빙 등의 고급 취미생활이 아니라 비교적 일상적인 그림 그리기, 꽃꽂이 같은 경우라도 지출이 꽤 발생한다. 우선 재료비가 필요하고, 배우기 위한 수강료가 발생한다. 그래서 1억 모으기를 하는 동안에는 철저히 '돈이 들지 않는 취미'를 찾아야 한다.

나의 경우 운동, 독서, 돈 공부가 취미가 되었다. 그냥 듣기에도 취향이라고는 하나도 포함되지 않은 담백한 것들이다. 운동에도 여러 종류가 있지만, 마음먹고 적은 비용으로 하려면 얼마든지 할 수 있는 것이 운동이다. 요즘 유행하는 러닝도 그렇고, 하다못해 계단 오르내리기를 꾸준히 하는 것도 좋은 운동이 된다. 헬스장을 가더라도 매달 몇만 원 정도의 기본적인 이용료만 내고 기구를 이용하는 정도로 해도 된다. 또 집에서 할 수 있게끔 요가, 필라테스, 스트레칭 등을 가르쳐주는 영상도 많다. 독서도 한 달에 10권 이상의 다독하는 사람이 아닌 이상, 충분히 몇만 원으로 즐길 수 있는 좋은 취미가 된다. 이것도 아깝다면 도서관을 이용하는 방법이 있다. 또 요즘은 오디오북도 워낙 잘 나와서 이런 것들을 잘 이용하면 적은 돈으로도 원하는 책을 마음껏 볼 수 있다.

특히 독서는 종잣돈 모으기를 할 때뿐만 아니라 그 이후에도 재테크를 꾸준히 하는 데 있어서 멘탈 관리 측면이나 실제적인 투자 지식을 습득하는 데 다방면으로 도움이 되기에 꼭 추천하고 싶다. 돈 공부의 경우 독서를 포함 재테크와 관련된 영상을 찾아본다든지, 경제 기사를 꾸준히 읽는다든지 등등 다양한 형태로 진행할 수 있다. 부동산에 관심이 있는 사람이라면 당장 사지 않더라도 온라인으로 매물들의 시세를 트래킹해보는 것도 좋은 공부가 된다.

돈 공부가 어떻게 취미가 되냐고 반문할 수도 있지만, 처음에는 의무감에 하던 것들이 어느 순간 재미있게 느껴지는 때가 있다. 이렇게 될 때 돈 공부도 나에게 즐거움을 주는 좋은 취미가 된다. 돈을 좀 들여야 하는 취미는 적어도 1억을 모으고, 더 나아가면 어느 정도의 자산을 모으고 난 다음에 더 여유로운 마음으로 즐기기로 하고 조금 미뤄두는 것이 어떨까.

'취향'의 경우에는 더 큰 영향을 미친다. 작은 물건을 사는 것에서부터 가전·가구 등에 이르기까지 나의 라이프 스타일을 만들기 위해 소비하기 시작하면 정말 한도 끝도 없다. 따라서 모든 경우에 대해서 다 이야기할 수는 없고, 여기에서는 여러 가지 부분 중에서 옷을 살 때 어떤 식으로 하면 좋을지 이야기해보려 한다. 우리가 소비할 때 대표적으로 취향이 반영되는 것이 바로 나를 드러내는 가장 손쉬운 매개체인 '옷'이다. 어떤 색깔을 선호하는지만 봐도 튀는 색깔의 옷을 주로 입는지, 무난한 색을 좋아하는지 등을 통해서 그 사람의 성향을 어림짐작으로 판단할 수 있기도 하다. 그런데 종잣돈 모으기를 하는 동안에는 옷을 살 때도 나의 취향을 바꿔야 한다. 그렇다면 종잣돈 모으기를 할 때는 어떤 옷을 어떻게 사면 좋을까?

일단 계절감이 뚜렷하게 느껴지는 옷은 사지 않는 게 좋다. 봄이면 그 계절에 맞게 화사하게 옷을 입고 싶기도 하고, 여름이면 또 시원하게 노출이 좀 있는 옷이나 민소매, 또는 짧은 반바지 등으로 계절을 느끼고 싶기도 하다. 가을에는 또 그 감성에 맞는 색으로 옷을 맞춰 입고 싶기도 하고. 그런데 이런 식으로 형태나 색상에 있어서 누가 봐도 특정 계절감이 확 느껴지는 옷을 사게 되면 딱 그 계절에밖에 못 입고, 다양하게 활용하기가 어렵다.

그래서 여러 계절에 걸쳐서 두루두루 잘 입을 수 있는 옷을 사는 게 좋다. 예를 들어서 딱 여름에만 입을 수 있는 나시나 반소매로 된 블라우스보다는, 얇은 소재이지만 7부 정도의 길이로 된 블라우스 같은 걸 사두면 봄 후반부부터 너무 덥지 않은 여름날, 그리고 가을 초반부까지 세 계절에 걸쳐서 잘 입을 수 있다. 또 반바지 같은 경우에도 여름에만 반짝 입을 수 있는 아이템이다 보니 그보다는 얇은 소재의 7부, 9부 바지를 구매해두면 간절기부터 휘뚜루마뚜루 잘 입을 수 있다.

비슷한 맥락으로 형태도 색도 기본적인 아이템을 구매하는 것이 좋다. 나도 결혼 전, 꾸미는 것을 좋아하는 평범한 20대였던 시절에는 꽤 화려한 색감의 옷들을 즐겨 입었었다. 그냥 분홍이 아닌 핫핑크색의 옷이라든지, 외투도 무난한 색이 아닌 레몬색 코트를 선택한다든지 하는 식으로. 그런데 이런 튀는 색감의 옷들은 워낙 인상이 강렬해서 쉽게 질리기도 하고, 또 다른 옷들과 다양하게 코디해서 활용하기도 쉽지 않아서 결국 또 다른 옷들이 필요하게 된다. 반면에 하얀색, 베이지색, 회색, 검은색 등 무채색에 가까운 색 옷을 사두면 오랫동안 질리지 않고 꾸준히 입을 수 있으면서 활용도 또한 높다. 오히려 더 적은 가짓수로 옷 입기가 해결되는 것이다.

마찬가지로 하의의 경우 기본 아이템인 청바지를 애용하면 꽤 도움이 된다. 계절별로 어울리는 청바지를 하나씩만 구매를 해두면 상의에 따라서 편안한 느낌이나 격식을 갖춘 느낌 등으로 분위기를 쉽게 바꿔줄 수 있다. 상대적으로 활용도가 낮은 일체형 원피스나 패턴이 강렬한 옷들보다는 청바지를 애용하면 하의를 구매하는 데 많은 돈을 들이지 않고도 옷 입기가 훨씬 수월해진다. 목표하는 바가 최대한 단시간에 1억을 모으는 것이라면 이렇게 옷을 사는 취향까지도 잠시 바꿔야 한다.

그런데도 "나는 내가 좋아하는 옷을 단정하고 깔끔하게 입고 잘 꾸미고 다니는 게 삶의 큰 낙이다"라는 분들은 취향을 반영하면서도 이왕이면 저렴하게 옷을 구매하는 방법을 찾아야 한다. 일단 유행을 타는 옷들은 최대한 저렴하게 구매해야 한다. 가끔은 유행하는 옷을 입고 싶을 때가 있는데 잠깐 유행하고 마는 옷들을 비싸게 구매하는 것은 아깝다. 또 조금만 발품을 팔면 저렴하게 품질이 좋은 옷을 구매할 수 있는 곳을 꽤 찾을 수 있다.

저렴해 보이는 옷을 저렴하게 구매하려고 하면 별로 고민할 필요가 없다. 그런데 이왕이면 이 옷을 입었을 때 빈티보다는 부티나 귀티가 나 보이는 옷을 사고 싶은 게 사람 마음이기에, 저렴하면서도 원단도 좋고 디자인도 고급스러운 옷을 파는 곳들을 몇 군데 알아두면 좋다. 개인적으로 남대문이나 고속터미널에 있는 지하상가 등을 이용하는 편인데, 이건 지역에 따라서 알아봐야 할 부분이긴 하지만 이런 곳을 몇 군데 알아두면 의류비를 줄이면서 어느 정도 내 취향도 챙길 수 있다.

마지막으로 겨울 외투 같은 아이템이 의류비에서 꽤 큰 지출을 차지하는데, 비싼 외투를 저렴하게 사는 방법이 있다. 바로 역시즌 쇼핑이다. 역시즌 쇼핑이란 말 그대로 계절을 바꿔서 옷을 사는 것이다. 여름에 겨울옷을 사고, 반대로 겨울에 여름옷을 사면 당연히 그 계절에는 수요가 확 줄기 때문에 훨씬 저렴한 가격으로 판매를 한다. 이 기회를 잘 활용하면 겨울 패딩이나 코트와 같이 가격대가 있는 옷들을 싸게 살 수 있다. 나는 지금까지도 겨울 외투는 꼭 여름에 구매해서 좋은 옷을 싸게 사두려고 한다.

이렇게 의류비를 줄이는 나만의 노하우를 몇 가지 공유해봤는데, 아무래도 내가 여성이다 보니 여성으로서 알고 있고, 느낀 점을 중점으로 설명했다. 큰 틀에서의 원칙만 참고해서 취향과 절약 사이에서 적절한 줄다리기를 해서 옷을 구매하면 도움이 될 것이다. 기존의 취향과 취미를 한순간에 바꾸는 게 쉽지 않겠지만 이 과정에서 생각지 못했던 돈 공부와 같은 새로운 취미가 생기기도 하고, 한정된 자원 안에서 나의 취향을 최대한 반영하려 애쓰다 보면 현명한 소비를 하는 나만의 안목이 길러지기도 한다. 나의 사례들이 각자가 어느 정도까지 취향과 취미를 포기해야 할 것인지, 또는 포기할 수 있을 것인지 그 적정선을 정하는 데 도움이 되길 바란다.

7 초라하지 않은 절약의 기술

사람 마음이 참 이상한 것이 한편으로는 종잣돈을 열심히 모으겠다고 허리띠 졸라매고 절약 생활을 하는 자신의 모습이 자랑스러운 날이 있는가 하면, 어느 날은 또 '나 지금 너무 초라한가? 아니면 너무 궁상인가?' 이런 마음이 드는 날도 있다. 이렇게 한없이 나약하고 간사한 것이 사람의 마음이라 절약은 하고 싶지만, 지나친 방법으론 하고 싶지 않고, 이왕이면 통장에 잔고는 쌓이면서 내 생활도 너무 궁핍해지지 않는 방법은 없을까 생각하게 된다.

이런 내적 갈등을 겪다 보면 절약도 어떤 방식으로 하느냐에 따라서 사람마다 크게 세 가지 정도의 스타일로 나뉜다. 한쪽에는, 절약하면 많은 사람이 떠올리는 것처럼 흔히 짠돌이·짠순이라고 부르는 극단적으로 모든 것을 다 아끼는 짠테크족이 있다. 한정된 수입 안에서 지출을 최대한으로 줄이는 것에 집중하는 방식으로 이런저런 고민의 과정을 거쳤겠지만, 성향상 그냥 절약이라는 한 우물만 깊게 파는 게 마음이 편한 것이다.

또 다른 한편에서는 대다수가 하는 형태로 내 수입 안에서 절대 과소비는 하지 않되 수입 대비 몇 퍼센트로 지출 한도를 정해놓고 적절한 수준에서 소비도 하면서 일정 부분 저축도 해나가는 현실적인 절약파가 있다. 짠테크족과 현실 절약파, 이 두 가지 방식의 차이는 결국 내 수입에서 어느 정도까지 아끼며 살 것인가, 내가 어느 정도까지 감당할 수 있느냐이다. 수입의 70~90%를 다 저축할 수 있는 사람과 수입의 30~50% 정도 저축하는 사람의 차이이다.

그런데 세 번째 절약 스타일은 접근 방식이 이 둘과는 조금 다르다. 아끼는 것에 초점을 두어서 최대한 많은 것을 참는 것이 아니라 돈을 최대한 적게 들이거나 아예 들이지 않으면서 할 수 있는 다른 방법을 적극적으로 찾는 것이다. 일명 '럭셔리 절약러'라고 이름을 붙여봤는데, 이는 종잣돈을 모으기 위해서 절약 생활을 하지만 그 시간 동안 내 삶의 질도 포기하지 않고 챙기겠다는 것이다. 실제로 내가 추구했던 방향이기도 하다. 이렇게 하면 조금 수고스럽긴 하지만 1억 모으기를 하는 시간이 훨씬 덜 고되게 느껴지고 크게 스트레스 받지 않으면서 즐겁게 할 수 있다.

그럼 어떻게 하면 럭셔리 절약러가 될 수 있을까? 우리가 보기에 물 위에 뜬 백조는 한없이 우아해 보이지만 물 밑에서 끊임없이 발을 구르고 있는 것처럼, 절약하면서도 당당해 보이는 생활을 유지하기 위해서는 물 밑에서 이루어지는 발길질의 과정이 필요하다.

우리가 보통 절약 생활을 하게 되면 줄이게 되는 비용들이 대표적으로 외식비, 미용실에 가거나 네일숍에 가는 등의 꾸밈비, 여행비, 문화생활비 등이다. 나열한 것들에 어떤 공통점이 있는지 감이 올 것이다. 살면서 필수적으로 지출해야 하는 비용은 아니지만, 지출하면 삶이 윤택해지고, 갑자기 그만두면 삶이 좀 팍팍하게 느껴지는 항목들이다. 그래서 나는 이런 것들을 그만두지 않으면서 지출은 발생하지 않는 방법을 찾아냈다.

바로 SNS를 활용하는 것이다. 블로그나 인스타그램 등을 활용하면 '체험단'이라는 게 있어서 손쉽게는 외식부터 미용실, 마사지, 네일숍 등의 꾸밈비를 비롯해 각종 문화생활과 여행 경비까지 절약할 수 있다. 체험단에 선정되면 음식점이나 미용실, 네일숍, 또는 공연, 숙소 등을 체험할 수 있는 기회를 얻게 되는데, 비용을 지불하지 않는 대신 체험 후 본인의 SNS에 정성스러운 후기를 작성해 남기는 활동을 하면 된다.

그러면 분명 "에이, 그런 건 소위 인플루언서가 하는 거잖아요, 평범한 사람들이 할 수 있는 게 아니네"라는 마음의 소리가 새어나올 것이다. 그러나 생각보다 체험단에 당첨될 수 있는 SNS의 기준이 그리 높지 않다. 인플루언서가 되는 것은 쉽게 할 수 없는 일이 맞지만, 체험단 활동 정도는 대단한 인플루언서가 아니어도 할 수 있다.

개인적으로 종잣돈을 모으겠다고 절약을 하는 동안 내 인생의 경험이 통째로 멈춰버리는 것은 선호하지 않는다. 1억을 모으는 시간도 분명 내 인생의 일부이고, 나중에 뒤돌아봤을 때 2년, 또는 3년, 4년 동안은 "정말 아무것도 하지 않고 돈만 모았네"라고 아쉬워하는 순간이 올 수도 있다. 물론 모든 것을 그대로 누리면서 1억을 모으겠다는 건 욕심이지만, 포기할 건 과감하게 포기하되 조금만 노력하면 이런 대안들이 있다는 것을 알아두면 좋다. 그래서 1억 모으기를 하는 시간도 조금 더 풍성하고 윤택하게 보낼 수 있으면 좋겠다.

8 고생한 나에게 달콤한 보상을 주자

1억 모으기라는 목표를 달성하는 데 가장 중요한 것은 '지속가능성'이다. 앞서 내가 찾아낸 '지속가능한 절약법'에 대해서 여러 가지를 말했다. 중간에 포기하지 않고, 정신적으로 덜 피로하고 덜 흔들리면서 절약을 하기 위해서는 여러 가지 장치가 필요하다. 이를테면 고정비를 최소화하는 시스템을 만들어서 자잘한 것까지는 신경 쓰지 않고 시스템적으로 돌아가도록 하는 것, 삶의 질을 포기하지 않기 위해서 다른 대안들을 찾아보는 것. 마지막으로 중요한 것은 지속가능한 절약을 위해서 중간중간 고생한 나에게 달콤한 보상을 주는 것이다.

재테크도 그렇고 종잣돈 모으기도 그렇고 '나는 다 참고 견디고 흔들리지 않는 강하고 굳센 사람이다'라고 가정하는 것보다, 인간의 나약함을 인정하고 거기에 맞춰서 계획을 짜고 방법들을 연구하는 것이 훨씬 성공률이 높다. 그러니 살짝 지쳐갈 때쯤 스스로에게 적절한 보상을 해주어야, 그 순간 그냥 포기해버리는 불상사를 막고 목표 지점까지 계속해서 달려나갈 수 있다.

사람마다 보상을 느끼는 지점은 모두 다르다. 누군가는 여행이나 공연·전시회 같은 문화생활에서 만족을 얻고, 또 누군가는 다양한 취미활동을 통해 즐거움을 느낀다. 반면 명품을 구입하는 일이 더할 나위 없는 보상이 되는 사람도 있다. 물론 대상이 명품일 경우에는 적당히 기분 전환할 수 있는 선에서 가격의 타협점을 찾는 게 필요하다. 또 일상적인 외식이 아니라 고급 레스토랑에서 식사를 한다거나 멀리 가는 여행이 아니어도 도심 속에서 이른바 호캉스를 즐긴다든지, 나열하자면 끝이 없을 정도로 지친 일상에서 벗어나서 즐거움을 느낄 수 있는 다양한 활동들은 정말 다양하다.

나의 경우에는 그것이 여행이었다. 1억 모으기를 하는 2년 6개월은 물론, 그 이후에도 꾸준히 재테크를 위해 소비를 통제하면서도 해외, 국내 할 것 없이 중간중간 여행은 늘 알차게 다녀왔다. 이렇게 했더니 오히려 재테크를 더 열심히 할 수 있는 동기부여가 됐다. 이는 재테크를 하면서 정말 잘했다고 스스로 칭찬해주고 싶은 부분이다. 여행 그 자체로 힐링이 되어서 절약을 한답시고 알게 모르게 일상에서 쌓였던 스트레스들도 해소할 수 있었고, 더불어서 내가 좋아하는 이런 활동을 앞으로 평생 더 안정적으로 즐길 수 있으려면 일상으로 돌아가서 더 활발하게 재테크에 임해야겠다는 마음이 저절로 샘솟았다.

이때 중요한 지점은 '충동적'이면 안 된다는 것이다. 여행을 가든 너무 사고 싶었던 물건을 사든, 어떤 보상을 주든 간에 사전에 이것을 하기 위해서 미리 계획적으로 비용을 마련해두고, 또는 최대한 저렴한 방식으로 할 수 있는 다양한 장치들을 미리 준비해두어야 한다. 어느 날 갑자기 "더는 이렇게 못 살겠어!"라며 충동적인 소비를 하게 되면 같은 돈을 쓰더라도 '달콤해야 할 보상'이 '찝찝한 소비'가 되어버린다. 하고 나서 후회만 남고, 실제로도 계획에 없던 소비 때문에 종잣돈 모으기 계획에도 차질이 생긴다.

나의 경우에는 여행을 좋아해서 부수입 중에 하나를 아예 여행 경비용으로 따로 모았다. 티끌 모아 태산이라고 그렇게 모은 부수입이 100만 원 단위로 모이면 여행을 떠났다. 이처럼 나는 최대한 메인 수입에서는 여행 경비가 지출되지 않도록 애썼다. 평소 사용하는 신용카드는 반드시 마일리지를 모을 수 있는 카드를 사용해서 해외여행을 다녀올 땐 마일리지로 비행기 표를 해결하기도 했다. 특히 코로나 팬데믹 동안 해외여행을 못 가게 되면서 몇 년간 마일리지만 쌓다가 팬데믹이 끝나고 쌓아둔 마일리지로 비즈니스석을 타고 여행을 다녀오기도 했다.

누구나 부수입 파이프라인을 가진 건 아니므로 더 쉬운 방법을 말하자면, 매달 적은 금액이지만 보상비를 따로 모으는 것이다. 이렇게 조금씩 모은 비용을 '계획적'으로 내가 원하는 곳에 지출할 때의 만족감은 더 배가 된다.

꼭 1억 모으기가 아니더라도 그 어떤 것이 되었든 너무 빨리 이루려고 하거나, 잘하고 싶은 마음에 앞만 보고 전력질주하다 보면 탈이 나게 마련이다. 중간중간 스스로 숨 쉴 구멍을 만들어주면서 에너지를 충전해서 1억 모으기라는 목표까지 완주할 수 있길 바란다.

9 절약, 시작이 빠를수록 유리하다

마지막으로 당부하고 싶은 건, 하루라도 빨리, 한 살이라도 젊을 때 절약을 시작하시길 바란다는 것이다. 젊어서 고생은 사서도 한다는 말이 있는데, 정말 맞는 말이라고 생각한다. 그런데 안타깝지만 나이 들어서 하는 고생은 정말 고생스럽다는 걸 알려주고 싶다. 20·30대 초반에 절약하며 느끼는 심리적 타격감과 흥청망청 20·30대를 보내고 뒤늦은 나이에 절약하며 느끼는 심리적 갈등과 고통의 정도는 차원이 다르기 때문이다.

내가 1억 모으기를 위해서 절약을 시작한 나이는 28살이었다. 돌이켜보면 차도 없고, 되도록 옷도 덜 사고, 유행하는 가전·가구도 들이지 않고 고장 나지 않는 한 새로 사지 않는 생활을 하면서도 괜찮았던 이유는 어느 정도 이런 것들이 용인되는 젊은 나이였기 때문이 아니었을까? 20대는 돈이 없는 게 어쩌면 당연하니까. 심지어는 "한창 하고 싶은 것도 많을 텐데 저렇게 아끼는 게 기특하네"라는 시선까지도 받을 수 있다.

그런데 만약 내가 38살이 되어서 그제야 1억을 모으겠다고 갑자기 이런 생활을 했다면? 절약한답시고 겉으로 보기에 초라하게 하고 다니기가 아마 쉽지 않았을 것이다. 나이가 들수록 사회적 시선을 더 신경 쓰게 된다. 또 젊을 때는 지금 힘들어도 종잣돈을 모아두면 나중에 큰 열매로 돌아올 것이라는 마음으로 나름대로 즐겁게 절약 생활을 할 수 있지만, 나이 들어서 하려고 하면 스스로 자꾸 위축된다.

실제로 주변을 보면 이런 상황을 체감할 수 있다. 젊었을 때 열심히 아끼고 투자해서 자산을 하나씩 모아가는 경우에는 오히려 외형적인 것은 점점 소박해진다. 쓸데없는 데 돈을 쓰지 않고, 그렇게 아낀 돈을 적절한 곳에 투자하는 것이 더 큰 의미가 있다는 것을 알기 때문이다. 또 자산이라는 든든한 빽이 생겼기 때문에 겉모습이 소박해도 스스로 당당한 것이다.

반면에 흘러가는 대로 시간을 보내고 자산 관리가 되어 있지 않은 사람은 가진 게 없다 보니 자꾸 외적인 것들로 스스로를 빛나게 보이려고 애쓴다. 소위 말하는 품위 유지비로 쓸데없이 더 큰 비용을 지출하느라 정작 투자에 쓸 돈들이 새어나가는 악순환이 계속되는 것이다.

타고난 금수저가 아닌 이상 살면서 한 번은 해야 할 절약 생활이고 1

억 모으기다. 어차피 할 거라면 최대한 젊을 때 빨리 시작하자. 그래야 심적으로도 덜 힘들고, 종잣돈의 효과도 더욱 극대화할 수 있다. 같은 1억이라도 젊을 때 모은 1억과 나이 들어서 모은 1억의 가치와 활용도는 현저히 다르다. "나는 이미 나이가 꽤 있고 이제라도 제대로 돈을 좀 모아보려고 하는데 너무 늦은 게 아닐까?"라는 생각이 드는 분들도 있을 것이다. 그런 분들은 지금 바로 시작하면 된다. 어쨌든 오늘이 내 인생에서 제일 젊은 날이다.

물론 절약은 1억 모으기를 하는 동안만 해야 하는 것은 아니다. 그렇지만 모은 돈 1억이 투자와 저축을 통해 더 불어난 상태에서 하는 절약은 정신적으로 크게 힘들지 않다. 돈이 없을 때 절약하는 게 마음이 힘든 것이지, 돈이 있는데 절약하는 건 어쩔 수 없어서 하는 게 아니라 나의 의지로 선택한 일이기 때문에 그다지 힘들게 느껴지지 않는다. 그래서 0에서 1억까지 가기 위해서 하는 인생의 첫 절약은 되도록 빨리 시작하시는 것이 좋다고 거듭 강조하는 것이다. 또 사회생활을 시작하면서, 즉 돈을 벌기 시작하면서 처음부터 제대로 된 소비습관을 잘 들여놓으면 이후에 이미 스며들어 버린 잘못된 습관들을 바꾸느라 고생할 필요도 없기 때문에 여러모로 초반에 빨리 기틀을 다져두는 게 도움이 된다.

1억을 모으지 않고 10억으로 갈 수 있는 길은 없다. 요행을 바라지 말고 많은 것을 절제하고 인내하면서 재테크의 첫걸음인 1억 모으기에 성공하시길 진심으로 응원한다.

3장

월급 외 백만 원 만들기

1 월급만으로는 살기 힘든 세상

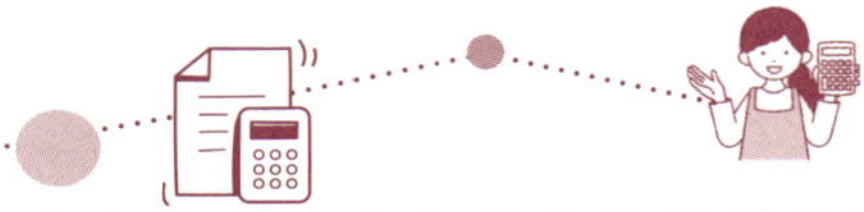

요즘은 집값, 외식비, 사교육비 등 어느 것 하나 만만한 게 없다. 점점 월급만으로는 살기 어려운 세상이다. 그렇다 보니 많은 사람이 월급 외 부수입 또는 '파이프라인'이라고 부르는 본업 외의 활동을 다방면으로 시도하고 있다. 그런데 실상은 이런 활동을 통해 유의미한 성과를 내는 사람들은 소수이며, 대다수는 남들이 한다니까 나도 한번 해볼까 하는 마음으로 접근해서 큰 성과 없이 포기한다.

부수입을 벌어들이는 방법은 정말 다양한데, 그중에서 많은 사람이 처음 시도하는 건 블로그나 인스타그램이다. 아무래도 시작하는 데 돈이 들지 않고, 글 몇 줄과 사진 몇 장 올리는 건 왠지 나도 할 수 있을 것 같은 마음이 들어서다. 그런데 돈을 벌기 위한 SNS 활동과

순수하게 일상을 기록하는 활동은 전혀 다르다. 이걸 모르고 그저 수요 없는 공급에 불과한 나의 일상을 한 달, 두 달, 석 달 동안 간헐적으로 올려보다가 별다른 반응이 없으면 그만둬버린다. 본업 외의 시간과 에너지를 투자해서 하는 건데, 별다른 성과가 없으면 '이 시간에 잠이나 더 자고 푹 쉬자' 이런 마음이 불쑥 올라오는 것이다.

하지만 험난한 자본주의 사회에서 살아남으려면 주수입 외에 부수입을 반드시 마련해야 한다. 나의 본업이 영업이나 자영업같이 노력을 들이는 만큼 극적으로 수입이 늘어나는 일이 아니라면, 일단 한 달에 딱 100만 원만 더 벌자는 마음으로 시작해보자. 당장 100만 원이 그리 큰돈이 아닌 것 같지만, 1년 동안 모으면 1,200만 원이 되고, 10년을 모으면 1억이 넘는 큰돈이 된다. 신혼 초, 우연한 계기로 블로그를 시작한 이후 지난 10년 동안 블로그, 인스타그램, 유튜브를 꾸준히 운영해왔다. 그렇게 10년간 SNS 활동을 이어오다 보니, 이를 통해 벌어들인 수입이 쌓여 어느새 억 단위가 넘는다. 월 100만 원에는 내키지 않다가도 수입이 억 단위가 된다면 여러분의 눈이 번쩍 뜨이면서 생각이 조금 달라질 것이다.

사실 부수입을 버는 방법은 SNS 외에도 정말 많다. 한때 유명 유튜버의 영향으로 누구나 스토어 하나씩은 가지고 있을 정도로 스마트 스토어가 열풍이던 때도 있었고, 카카오톡 이모티콘을 판매하는 부수입부터 에어비앤비, 파티 룸 등 공간 대여를 해주거나 스터디 카페, 무인 매장 등 오프라인에서 부수입을 창출하는 방법도 있다. 많은 방법이 있지만 처음에는 SNS를 하는 걸 추천하는데, 다른 방법들과 다르게 SNS는 꾸준히 하다 보면 경제적인 수입뿐만 아니라 브랜딩을 통해서 무형의 자산도 같이 쌓여가기 때문이다. 이는 의도하지 않더라도 SNS라는 매체의 특성상 많은 팔로워를 보유하게 됨으로써 자연스럽게 따라오는 결과이다.

따라서 SNS를 통해서 부수입 활동을 하다 보면 당장 종잣돈을 모으고 투자를 하는 과정에서 매달 추가적인 수입을 활용할 수 있는 경제적인 이득뿐만 아니라, 내가 관심 있고 다룰 수 있는 특정 주제와 관련해서 나도 모르는 사이에 조금씩 영향력이 생기게 된다. 그리고 이렇게 조금씩 쌓아온 무형의 자산은 은퇴 시점에 빛을 발하게 된다. 누군가는 그동안 쌓아둔 콘텐츠를 바탕으로 책을 집필하기도 하고, 강연 기회를 얻기도 하는 등 생각지 못한 무수한 기회를 만나게 된다.

부수입 활동이라는 것은 사실 누가 시켜서 하는 것도 아니고, 또 하지 않아도 누가 뭐라고 하지 않는다. 다만, 퇴근 후 황금 같은 휴식시간을 스스로 반납하고, 쪼개가며 이런 활동을 하게 되는데 이왕이면 최대의 효율을 누릴 수 있는 것을 선택하는 것이 좋다고 생각한다. 그러니 너무 많은 부수입 선택지 앞에서 고민하느라 또 시간을 낭비하지 말고, 일단 리스크는 적고 파급력은 큰 SNS로 시작해보자.

2 부수입이 가능한 SNS 플랫폼, 어떤 게 있을까?

요즘은 어린아이부터 중장년층, 나아가서 노년층에 이르기까지 모두가 SNS의 바다에 빠져 있다고 표현해도 과언이 아닐 만큼 많은 사람의 일상에 SNS가 깊이 스며들어 있다. 지하철을 타면 많은 사람들이 얼굴을 파묻고 핸드폰을 보고 있는데, 대부분 SNS 콘텐츠를 보고 있다.

이렇게 우리는 '소비자'로서 SNS를 충분히 접하고 있다. 이런 우리가 소비자로서 익숙한 SNS는 보통 인스타그램, 유튜브, 블로그 정도일 것이다. 그런데 자세히 들여다보면 우리가 미처 알지 못했던 것들까지 포함하게 되면, SNS의 종류는 생각보다 훨씬 다양하다. SNS로 돈을 벌기로 마음먹은 이상 일단 SNS라는 게 어떤 것인지, 어떤 종류가 있는지부터 제대로 알아야 한다. 그래야 그중에 나에게 맞는 SNS는 어떤 것인지 찾을 수 있다.

우선 너무나 익숙한 단어이지만 근본적으로 SNS가 무엇인지부터 생각해보자. SNS는 Social Network Service의 약자로 말 그대로 '사회 관계망 서비스'이다. 온라인상에서 이용자들 간의 자유로운 의사소통, 정보 공유 등을 통해서 사회적 관계를 생성·유지·강화·확장해나가도록 해주는 서비스이다.

놀라운 점은 1999년에 나온 한국의 '싸이월드'가 세계 최초의 대규모 SNS라고 한다. 이후에 페이스북과 같은 다른 인기 사이트가 탄생하게 되었고, 각종 SNS가 우후죽순처럼 생겨났다. 그래서 현재는 페이스북, 인스타그램, X(옛 트위터), 틱톡, 유튜브와 같은 세계적인 온라인 플랫폼부터 네이버 블로그, 네이버 밴드, 카카오스토리, 브런치 등 국내 이용자들에 한정된 플랫폼까지 다양한 SNS가 공존하고 있다. 대부분은 익숙한 이름이지만 구체적으로 어떤 특징들이 있는지는 생소할 수 있으므로 각각의 특징을 살펴보자.

먼저 SNS의 조상이라고 할 수 있는 페이스북의 경우, 역사만큼이나 광범위한 사용자층을 보유하고 있다. 전 세계적으로 가장 많은 사용자를 보유하고 있는 플랫폼으로 다양한 콘텐츠를 모두 공유할 수 있다. 텍스트, 이미지, 동영상, 링크 등을 공유할 수 있고 라이브 스트리밍 기능도 제공하고 있다.

인스타그램은 철저히 이미지 공유 중심의 플랫폼이다. 사진과 동영상을 중심으로 하는 SNS로 비주얼 콘텐츠 공유가 핵심이다. 흔히 '라방'이라고 하는 라이브 방송이 가능하고, 이를 통해서 팔로워와 보다 가까이 소통할 수 있다. 인플루언서 마케팅이라고 해서 인플루언서와 브랜드 간의 협업이 활발하게 이루어지는 편이다.

X는 텍스트 중심의 소통 공간으로 짧은 글로 빠르게 실시간 소통이 가능하다. 각각의 트윗에 글자 수를 제한하고 있으며(기본 140자, 일부 언어는 280자) 주로 정치인, 연예인, 기업 등의 공적인 소통 채널로 많이 이용된다.

틱톡은 주로 15초에서 3분 정도의 짧은 동영상을 공유하는 플랫폼이다. 다양한 음악과 필터, 특수효과를 통해서 짧은 시간에 사람들의 관심을 끌 수 있는 동영상을 제작, 공유하는 형태다. 이용자들이 참여할 수 있는 다양한 챌린지가 등장하고, 전 세계적으로 큰 인기를 끌고 있는 플랫폼이기도 하다. 특히 젊은 층에서 인기가 많다.

유튜브는 설명이 필요 없을 정도로 남녀노소 할 것 없이 한국인이 사랑하는 SNS이다. 사용자가 동영상을 자유롭게 올리거나 볼 수 있는 세계 최대 규모의 비디오 플랫폼으로 역시 라이브 방송을 통한 구독자들과의 소통이 가능하다. 일정 조건을 달성하면 영상을 제작한 크리에이터에게 광고 수익을 지급한다.

끝으로 한국인에게 가장 익숙한 형태의 SNS인 블로그가 있다. 블로그도 굳이 분류하자면, 네이버 블로그가 있고 티스토리라는 블로그 사이트가 있다. 여기서는 네이버 블로그로 범위를 좁혀서 다뤄보려 한다. 블로그의 가장 큰 특징은 검색 엔진과의 연동이 최적화되어 있어서 검색을 통해서 콘텐츠들이 노출된다는 것이다. 텍스트와 사진, 동영상 등 다양한 형식의 콘텐츠들을 잘 버무려서 하나의 글을 작성하게 되는데, 일정 조건을 달성하면 애드포스트라는 것을 통해서 광고 수익을 창출할 수 있다.

과연 이 중에서 어떤 SNS가 돈이 되는 SNS일까? 우리가 SNS를 하는 목적은 소위 말하는 '관종'이라서 사람들의 관심을 끌기 위해서도 아니고, 소소하게 나의 일상을 기록해나가기 위함도 아니다. 부수입을 벌기 위함이라는 명확한 목적이 있기 때문에 SNS를 선택할 때부터 이 점을 염두에 두고 각 SNS의 수익 구조를 살펴봐야 한다. 물론 어떤 SNS건 간에 꾸준히 오래 하면서 콘텐츠가 쌓이고, 내 SNS를 봐주는 사람들이 많아지면 어떤 형태로든 수익화로 이어지기는 한다. 책을 출판한다든지, 강연 요청이나 브랜드 협업 등의 형태로.

그런데 개인적으로는 처음부터 SNS 자체 내에서 작더라도 확실하게 수익을 확정해 주는 형태의 SNS를 시작하는 걸 추천한다. 네이버 블로그의 애드포스트나 유튜브 광고 수익 등이 그런 형태이다. 사람 마음은 생각보다 간사해서 작더라도 이런 보상이 이어지면 꾸준히 SNS 활동을 이어나가기가 쉬운데, 반대로 어느 정도 수준이 될 때까지 별다른 리워드가 없으면 일정 단계까지 도달하기도 전에 포기하게 된다.

또 하나 고려해야 할 것이 많은 사람이 사용하는 SNS를 선택하는 것이 좋다는 것이다. SNS를 통한 수익은 처음에는 해당 SNS에서 지급하는 자체 광고 수익이 발생하겠지만, 점차 규모가 커지면 협찬 또는 협업의 형태로 다양한 브랜드들과 협업을 하게 된다. 그리고 실제로 이런 광고 수익이 SNS 자체 내에서 지급해주는 수익금보다 단가가 더 높고 더 큰 수입원이 된다. 하나의 SNS를 정성스레 키워가는 것은 꽤 많은 시간과 에너지가 필요하다. 같은 시간과 에너지를 쓰면서 최대의 수익을 창출하려면 핫하고 인기 많은 SNS를 선택해야 한다. 광고주 입장에서는 그래야 같은 돈으로 더 큰 광고 효과를 누릴 수 있기 때문에 아무래도 이런 플랫폼에서 협업할 대상을 찾게 된다.

마지막으로 내가 잘할 수 있는 SNS인가를 따져봐야 한다. 수익구조도 확인했고, 많은 이용자가 찾는 플랫폼이더라도 나와 맞지 않으면 오랫동안 꾸준히 할 수가 없다. 남들이 아무리 돈을 많이 버는 플랫폼이라도 내가 오랫동안 가꿀 수 없으면 나는 그 SNS를 통해서 돈을 벌 수 없는 것이다. 틱톡을 예로 들어서 말해보자. 위에서 말한 두 가지 조건을 모두 충족시키는 SNS이지만, 나의 경우는 짧은 시간에 사람들의 관심을 확 끄는 트렌디하고 화려한 영상들을 만들어내는 데에는 소질이 없다고 판단했다. 나이가 많은 사람들도 틱톡에서 활동 중이지만, 아무래도 젊은 층 중심의 플랫폼이라 흐름을 따라잡기가 어렵지 않을까 하는 마음이 들었다. 이런 식으로 평양감사도 저 싫으면 그만이라고 아무리 좋은 SNS라도 나의 성향에 잘 맞는지 살펴보는 것도 중요하다.

이런 기준으로 나에게 맞는 SNS를 찾으면 되는데, 발행하는 콘텐츠 형태에 따라서 글 중심인지, 사진 또는 영상 콘텐츠 중심인지를 기준으로 생각해보는 것도 도움이 된다. 대표적으로 추천할 만한 부수입을 벌 수 있는 SNS는 글 중심의 블로그, 사진 중심의 인스타그램, 영상 중심의 유튜브가 있겠다.

사실 다른 SNS들도 다양한 방법으로 수익화가 가능하겠지만 SNS라는 것은 직접 해봐야 알 수 있는 무궁무진한 수익의 세계가 있기 때문에 직접 해보지 않은 SNS는 자세하게 다룰 수가 없다. 따라서 지금부터는 지난 10년 동안 블로그, 인스타그램, 유튜브라는 세 가지 SNS의 바다에서 내가 직접 어푸어푸 헤엄쳐가며 얻은 다양한 팁들을 풀어보려 한다.

3 특별한 재능 없이도 시작할 수 있는 SNS 부업

사실 SNS 하면 가장 먼저 연상되는 것이 '인플루언서'라는 단어이다. 연예인까지는 아니지만 애초에 나와는 다르게 타고나길 어딘가 특별하고 비범한 사람들이지 않을까 싶은 마음이 먼저 든다. 그래서 시작부터 망설여진다. 나는 그저 평범하디 평범한 일상을 살아가는 중생일 뿐인데 내가 SNS를 한다고 누가 볼까.

또 나는 특별히 잘하는 것도 없고 특이한 취미를 가진 것도 아닌데 어떤 주제로 콘텐츠를 만들지 고민이 된다. 불특정 다수에게 얼굴을 공개하는 것도 어딘가 쑥스러운 마음도 들고 걱정스럽기도 하다. 게다가 나이가 좀 있으신 분들은 'SNS 이런 건 젊은 사람들이나 하는 거지, 나는 뭐 유튜브 이런 거 볼 줄은 알아도 내가 직접 해볼 생각은 못해봤는데' 이런 생각도 들 것이다. 이렇게 막상 본격적으로 SNS를 시작하려고 들면 고민되는 것이 한두 가지가 아니다.

결론부터 말하자면 특별한 재주가 없어도 누구나 SNS를 할 수 있다. 온라인상에서 이루어지는 소통이긴 하지만 이것도 결국 사람과 사람 간의 네트워킹이기 때문에 SNS를 성공적으로 운영하기 위해서는 두 가지 중 하나를 충족시켜야 한다. 사람들이 '동경'하는 대상이 되거나 무한히 '공감'이 가는 대상이 되면 된다. 사람들이 고민하는 대부분은 '나는 그렇게 동경할 만한 대상이 아닌데…'라는 거다.

그런데 사람들이 SNS를 통해서 보고 싶어하는 것이 꼭 대리만족을 느낄 수 있는 화려한 무언가인 것은 아니다. 내가 요즘 고민하고 있는 바로 그 '주제'에 대해서 나와 비슷한 상황에 있는 누군가가 그 내용을 공유한다면 그것만으로 공감을 불러일으키기도 하고, 때로는 위로와 위안이 되거나 공유한 정보가 유익하게 느껴지기도 한다. 생각보다 사람 사는 건 다 비슷하고 누구의 인생이건 자세히 들여다보면 모두 스토리가 있고 충분히 매력적인 콘텐츠가 된다.

그래도 아직 한 발을 내딛기가 망설여지는 분들을 위해서 SNS를 어떻게 시작하면 좋을지 하나씩 더 자세하게 이야기를 해보자.

1) 주제는 무엇으로 할까?

일단 어떤 주제를 다룰지가 가장 고민될 것이다. 이도 저도 떠오르지 않는다면 가볍게 나의 일상을 올려보는 것도 괜찮다. 다만 초점이 정말 나만 보는 일기장 같은 느낌으로 주저리주저리 두서없이 일상을 기록하는 것이 아니라 나라는 사람을 특정 카테고리에 속한 사람으로 명확히 설정해두고 올리는 것이 중요하다. 집밥을 하는 30대 주부라든지, 40대의 러닝하는 남자라든지, 이런 식으로 비슷한 관심사를 가진 사람들이 모일 수 있도록 나의 일상의 어떤 부분을 뷔페처럼 다 늘어놓는 것이 아니라 정갈한 한상차림으로 다듬어서 그 부분만 더 돋보이도록 만들어주어야 한다.

우리의 일상 속에는 생각보다 많은 콘텐츠들이 녹아 있는데, 요리가 될 수도 있고 운동이나 다이어트, 육아, 패션, 인테리어, 살림, 독서, 여행, 자기계발 등 무궁무진한 소재들이 있다. 물론 처음부터 어떤 특정 주제를 선정하지 않아도 된다. 나의 일상을 살짝씩 세상에 보여주다 보면 똑같은 일상 중에서도 사람들이 조금 더 좋아하고 반응이 있는 주제가 있을 것이다. 그럴 때 그 부분을 잘 캐치해서 나의 주제로 삼고 카테고리를 좁혀나가는 것이 좋다.

나의 경우에도 신혼 초, 신혼 일상을 담은 블로그를 운영했는데 요리와 외식, 여행 정도로 콘텐츠를 좁혔다. 또 한 가지 내가 이미 해본 것, 또는 성취한 부분에 대한 경험과 노하우를 나눠야 하지 않나

하는 부분도 고민이 될 텐데, 전혀 고민할 필요가 없다. 내가 공부해 보고 싶은 주제나 도전하고자 하는 목표 등에 대해서 다루면서 이런 것들을 하나씩 알아가는 과정, 성장해나가는 과정을 기록하는 콘텐츠도 굉장히 의미가 있다. 이런 콘텐츠를 보는 사람들의 입장에서는 온라인상에서 알게 된 사람이긴 하지만 꾸준히 보다 보면 응원하는 마음도 생기게 되고, 또 비슷한 생각을 갖고 있던 사람이라면 "평범해 보이는 이 사람도 이렇게 하는데 나도 한번 해봐야겠다" 또는 "할 수 있겠다" 이런 동기부여가 되기도 한다.

그래도 도저히 주제가 떠오르지 않는다면 개인적으로 생각했을 때 많은 사람들이 살아가면서 늘 고민하는 주제를 해보는 것이 좋다. 대개 '다이어트, 독서, 영어 공부, 돈' 이 네 가지 정도인 것 같다. "해야 하는데…, 해야 하는데"라고 늘 생각만 하면서 해결되지 않는 뫼비우스의 띠 같은 문제들을 콘텐츠의 주제로 삼으면 좋은 점이 나 자신도 어쩔 수 없이 이것들을 하게 된다는 것이다. 콘텐츠로 유의미한 결과를 만들지 못하더라도 적어도 나 자신의 자기계발적인 측면에서는 남는 것이 있다. 그러니 도저히 나만의 어떤 주제가 생각나지 않는다면 무난하게 이런 것들을 선택해보는 것도 한 방법이다.

2) 글쓰기, 사진 찍기, 영상 편집, 이런 기술적인 문제들은 어떻게 하지?

다음은 기술적인 문제가 있을 수 있다. "나는 글을 못 쓰는 편인데…" "평소에 사진을 잘 안 찍는데…"라거나 나아가서 영상 제작을 생각하고 있지만, 전혀 모르는 분야라 잘할 수 있을지 걱정될 수 있다. 기술적인 부분과 관련해서는 몇 가지 해결책이 있다. 가장 근본적으로는 굳이 못하는 걸 하려고 할 필요는 없다. 글을 잘 못 쓰는 사람이라면 사진이나 영상 위주로 소통하는 플랫폼을 선택하면 되고, 사진 찍는 걸 싫어하는 사람이라면 텍스트 위주의 SNS를 선택하는 것이 현명하다. 이건 어디까지나 부수입의 개념이지 월급 받고 하는 일처럼 못해도 무조건 해내야 하는 건 아니기 때문에 굳이 소질과 재능이 없고 내키지도 않는 것을 잘하려고 하면서 스트레스를 받을 필요는 없다.

그래도 나는 이번 기회에 글도 좀 잘 써보고 싶고, 겸사겸사 사진이나 영상을 멋지게 찍는 기술도 습득하고 싶다 하는 분들은 시도해보는 것도 나쁘지 않다. 개중에는 아무리 해도 실력이 제자리걸음인 사람이 열에 한두 명은 있겠지만 그 외 대부분은 잘 못 한다는 핑계로 시도 자체를 꾸준히 하지 않아서 그렇지, 매일매일 하다 보면 어느 정도 수준까지는 실력 자체가 늘게 된다.

이때 시도를 어떻게 하는지가 중요한데, 내 방식대로 매일 똑같이 글을 쓰고, 사진과 영상을 찍는 것은 전혀 도움이 되지 않는다.

이미 잘하고 있는 사람들의 콘텐츠들을 들여다보면서 어떤 구성과 흐름으로 글을 쓰는지, 사진은 어떤 구도와 각도로 찍는지 관심을 갖고 살펴보면서 조금씩 적용해나가는 것이 필요하다.

영상 편집 기술의 경우에는 하려고 들면 정말 방송 관계자들이 사용하는 고급 툴도 있을 수 있지만, 처음에는 간단한 무료 앱을 이용해서 짧고 간단한 영상부터 시작해보는 것을 추천한다. 채 시작도 하기 전에 각종 고급 편집 기술을 배우느라 영상 하나도 제대로 업로드를 못해보고 지쳐서 나가떨어지는 불상사가 생기면 안 되니까. 어떤 유튜버의 경우에는 맨 처음 영상을 올릴 때 영상을 자르고 붙이는 기본적인 편집 기술도 몰라서 방송으로 치면 NG 없이 한번에 전체 영상을 찍어서 업로드를 했다고 한다. 틀리면 처음부터 다시 녹화를 해서 실수 없이 쭉 녹화된 영상 하나를 올린 것이다. 지금은 몇십만 유튜버가 된 분인데, 이런 식으로 기술적인 부분이 서툴더라도 일단 시작하는 것이 100배 더 중요하다.

게다가 요즘은 유튜브도 인스타도 너무 고퀄리티의 사진과 영상들이 올라오다 보니 오히려 조금은 서툴고 꾸밈없는 콘텐츠들이 그 나름의 색깔이 되어 사람들에게 호감을 불러일으키기도 한다. 내 콘텐츠를 보는 사람들은 오프라인상의 나의 지인들이 아니라 온라인상에 있는 수많은 불특정 다수이기 때문에 어떤 부분을 사람들이 좋아할지는 내가 선택하는 것이 아니다. 나는 내 나름대로 콘텐츠를 만

들되 이것을 사람들이 소비할지는 어디까지나 보는 이들의 몫이기 때문에 미리 걱정하느라 많은 시간과 에너지를 낭비하지 말고 서툴면 서툰 대로 일단 시작하는 것이 중요하다.

3) 얼굴 공개하기가 꺼려지는데요?

또 하나, SNS가 익숙지 않은 사람들은 불특정 다수에게 내 얼굴, 또는 온 가족의 얼굴을 공개하는 부분에 대한 고민이 크다. 얼굴 공개에 대해서 주저하는 이유는 다양하다. 스스로 외모에 자신이 없는 경우도 있고, 또는 워낙 세상이 흉흉하니 혹시 모를 각종 사건 사고에 휘말리지 않을까 이런 부분도 괜스레 걱정되는 것이다. 이 부분에 대해서는 절대 정답이 없다. 100% 본인의 선택이고, 존중해야 할 문제이다.

다행인 것은 굳이 얼굴까지 공개하지 않아도 콘텐츠를 생산할 수 있는 방법은 많이 있다는 것이다. 블로그에 사진을 올릴 경우에는 얼굴 부분에만 스티커를 붙여주면 되고, 인스타그램의 경우에는 음식이나 동물, 자연 등 아예 사람이 아닌 대상을 콘텐츠의 주제로 삼는 방법도 있다. 유튜브의 경우에도 애니메이션 영상을 만든다거나 얼굴 부분을 제외한 상반신만 촬영한다든지 하는 식으로 대안은 넘쳐난다. 그러니 얼굴 공개에 대한 걱정 때문에 지레 SNS를 포기하지는 말자.

4) 나이가 많은데 SNS를 시작할 수 있을까요?

"나는 나이가 많은데 SNS를 해도 되려나?"라고 걱정하는 분들이 있을 수 있다. 이건 정말 어떤 노래 가사처럼 '내 나이가 어때서'이다. 몇 년 전부터 시니어 인플루언서들이 정말 눈에 띄게 많아졌다. 먼저 초창기 시니어 인플루언서의 대표격인 박막례 할머니(79세)를 시작으로 유튜브에서는 시니어 인플루언서들이 꽤 있다. 대표적으로 순자엄마(66세)님과 밀라논나(74세)님, 그리고 최근에 가장 핫한 유튜버인 선우용여(81세)님까지, 유튜브 세계에서 나이는 정말 숫자에 불과하다.

그리고 근래 들어서 젊은이들의 SNS로 느껴졌던 인스타그램에서도 시니어들을 심심치 않게 뵐 수 있다. 청담캔디언니라는 인플루언서는 아들에게 그동안 살아온 인생의 지혜를 전달해주는 방식으로 제작된 콘텐츠가 인기를 끌고 있다. 이런 식으로 젊은 사람들의 약간의 자랑이 섞인 인증샷 콘텐츠들의 향연에 살짝 질린 젊은 소비자들에게 오히려 시니어 인플루언서들의 메시지가 담긴 무게감 있는 콘텐츠가 신선하고 새롭게 다가오기도 한다. 내가 어떻게 포장하느냐에 따라서 정말 무엇이든지 콘텐츠가 되는 세상이다. 힘들었던 나의 인생 이야기도 누군가에게는 피가 되고 살이 될 수 있다.

그리고 오히려 시니어들에게 적극적으로 SNS를 권장하고 싶다. 수명은 길어지고, 노후대비는 충분히 여유롭게 되어 있지 않은 노년층이 많은데, 나이가 많을수록 리스크가 큰 사업을 새로 시작하기도 쉽지 않다. 그럴 때 무자본으로 시작할 수 있는 SNS에 도전해서 소소하게나마 추가적인 노후 자금도 벌고, 또 주체할 수 없이 넘쳐나는 시간도 생산적으로 잘 보내면 이보다 더 좋은 노후의 동반자가 없다. 오프라인상에서 만난 젊은이들에게 미주알고주알 말하면 잔소리라고 싫어하지만, 이미 들을 준비가 되어 있는 귀가 활짝 열린 온라인상의 젊은이들에게 열심히 떠들면 삶의 지혜라고 좋아한다.

SNS를 시작하는 데에는 하려는 마음과 의지만 있다면 정말 그 어떤 것도 방해물이 되지 않는다. 그리고 경제적인 투자 비용이 있는 것도 아니라서 실패해도 아무런 타격이 없다. 그러니 주저하지 말고 오늘 당장 아이디를 만들고 나만의 페이지, 채널을 개설하고 콘텐츠를 뭐라도 하나 올려보자.

4 블로그로 수익 만들기

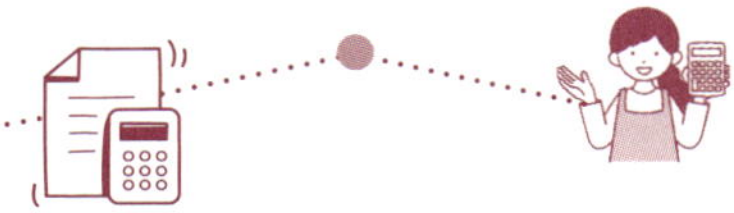

블로그는 우리에게 가장 익숙하고 오랫동안 사랑받고 있는 SNS이다. 인스타그램과 유튜브에 비해서 훨씬 더 오래전부터 우리의 일상 속에 친근하게 있던 플랫폼으로, 주로 검색을 통해서 접하게 된다. 요리법이라든지 맛집 정보를 비롯해서 육아 정보, 여행 정보, 건강 정보 등등 궁금한 것이 있을 때 즉각적으로 찾아보기에 가장 편리하다. 구조가 이렇게 검색 기반으로 되어 있다 보니 특정 블로거에게 호감을 느껴서 꾸준히 구독하는 느낌이라기보다는 특화된 주제가 있으면 검색을 통해서 많은 사람들이 나의 콘텐츠를 보게 된다.

이런 특징을 가지고 있기 때문에 블로그에는 '나'라는 사람의 캐릭터를 굳이 노출시키지 않으면서 콘텐츠를 올릴 수 있다는 장점이 있다. 또 댓글을 통해서 소통을 하긴 하지만 인스타그램이나 유튜브에 비해서 소통이 큰 역할을 하지는 않는다. 따라서 자신을 불특정다수에게 노출시키는 것이 망설여지거나 소통에 대해서 부담감이 느껴진다면 이런 부분에서 비교적 자유로운 블로그를 시작해보는 것이 좋다.

그렇다면 그동안 검색을 통해서 소비자로서 접했던 수많은 블로그 글들이 어떤 식으로 돈이 된다는 걸까? 거듭 강조하지만 우리가 SNS를 하는 이유는 은퇴 후 남는 시간에 소소하게 나의 이야기를 기록하기 위한 한가로운 목적이 아니다. 어디까지나 부수입을 벌기 위함이다. 그러니 먼저 블로그의 수익 구조부터 알아두어야 한다. 블로그를 통해서 얻을 수 있는 수익은 크게 직접적으로 현금 수입이 되는 것과 그 외 체험이나 제품 협찬 등의 형태로 간접적으로 얻게 되는 수입이 있다. 그리고 이 간접적인 수입은 내 블로그가 어느 정도 수준이냐에 따라서 달라진다.

1) 블로그의 수익 구조는 어떻게 되나요?

가장 기본적인 수입은 애드포스트라는 것이 있다. 우리가 검색을 통해서 블로그 글을 읽다 보면 글 사이사이에 끼어 있는 광고를 보게 된다. 콘텐츠를 보는 사람이 해당 광고를 클릭하게 되면 클릭당 수익이 발생하는 것이 바로 애드포스트이다. 클릭당 얼마라고 정확하게 정해져 있지는 않고 어떤 분야인지에 따라서 수익이 조금씩 달라진다. 처음부터 누구나 받을 수 있는 것은 아니고 블로그 개설 이후 90일 뒤면 누구나 신청할 수 있고, 승인이 떨어지면 별다른 조치 없이 바로 광고가 달린다. 다만 수익성이 좋은 편은 아니라서 상위 몇 프로에 해당하는 블로거가 아닌 이상 애드포스트만으로는 매달 유의미한 수입을 거두기는 쉽지 않다.

다음으로는 체험단 활동이 있는데, 말 그대로 다양한 체험을 무료로 진행하고 그 후기를 블로그에 작성해주는 활동이다. 체험할 수 있는 카테고리는 정말 다양하다. 가볍게는 외식부터 공연·문화생활, 뷰티 분야에선 미용실, 메이크업숍, 네일숍, 마사지, 또, 여행 갈 때 숙소나 입장권, 이외에도 각종 식재료나 밀키트, 제품에 이르기까지 일상생활 속에 있는 거의 모든 것들을 체험할 수 있다고 보면 된다. 물론 내가 원한다고 해서 아무것이나 다 할 수 있는 것은 아니고, 내가 운영하고 있는 블로그의 주제와 밀접한 것들을 체험할 수 있다. 체험단의 경우 현금성 수입은 아니지만 생각보다 체험단에 당첨될 수 있는 기준이 되는 허들이 낮은 편이어서 블로그를 시작한 지 몇 달 되지 않은 초보 블로거도 충분히 도전해볼 수 있다는 이점이 있다. 그래서 블로그를 시작하는 분들에게 가장 추천하고 싶은 블로그 활용법이기도 하다.

애드포스트와 체험단 정도가 블로그를 시작하고 얼마 안 된 초보 단계에서 얻을 수 있는 수익들이라면 블로그가 점차 성장하면서 추가적으로 얻을 수 있는 수입들도 있다. 이제는 기자단 활동이라고 해서 원고료를 받게 되는 일이 생긴다. 체험단 활동을 할 때는 체험만 무료로 하고 후기를 작성하는 부분에 대해서는 대가를 따로 받지 않았는데, 어느 정도 수준이 되면 이제는 기자단 활동이라고 해서 하나의 글을 작성하고 원고료를 받게 된다. 특정 활동이 될 수도 있고, 제품이 될 수도 있는데 그 후기를 정성스럽게 남기면 작게는 5만 원, 10만 원 정도부터 블로그 수준에 따라서 수십만 원에 이르는 원고료를 지급해 준다. 현금성 수입이기 때문에 꽤 쏠쏠한데, 내가 원할 때마다 항상 있지는 않기 때문에 꾸준히 지속적으로 발생하는 수입원은 아니다.

체험단·기자단 사이트를 통한 공식적인 신청과 당첨의 기회 외에도 점차 블로그가 커지면서 개별적인 브랜드와의 협업이 이루어지게 된다. 운영하고 있는 주제별로 음식 협찬부터 가전·가구 협찬, 숙소 지원 또는 금융 관련 정보 홍보, 제품 홍보 등 다양한 요청이 들어오게 되는데, 브랜드 협업의 경우 단가가 좀 높은 편이고 정기적이진 않지만 현금성 수입이라 만족할 만한 수입원이 되어준다.

CPA라는 것도 있는데, 쉽게 말하면 제휴광고의 개념이다. Click Per Action의 약자로 소비자가 해당 링크를 통해서 실제로 제품을 구매하거나 상담을 진행하는 등 구체적인 액션(행동)으로 이어지면 일정 수익을 공유하는 형태이다. 쿠팡파트너스 등을 연결해서 소비자가 해당 제품을 구매하면 일정 수수료가 나에게 주어지는 것이다. 이건 수익이 극대화될 수 있는 방법이기는 하나, 글에 너무 많은 CPA 광고가 달리게 되면 블로그 수준이 낮아지는 부작용이 있을 수 있다. 리스크가 큰 활동이므로 적절히 신중하게 활용해야 한다.

끝으로 블로그뿐만 아니라 모든 SNS 수익화의 가장 꽃은 브랜딩을 통한 각종 2차 활동이다. 내가 운영하는 블로그에 대한 신뢰를 바탕으로 물건을 직접 판매하기도 하고 블로그에 하나하나 쌓아둔 콘텐츠를 엮어서 전자책이나 종이책 등의 책을 낸다거나 강의 형태로 판매하기도 한다. 여기까지 가면 블로그를 통해서 수익화할 수 있는 모든 것을 경험해본 것이다.

2) 블로그의 수준은 어떻게 정해지는 건가요?

그렇다면 어느 정도의 수준에 도달해야 수익화가 가능하며, 그 기준은 어떻게 정해지는 것일까? 블로그에는 '일 방문자 수'라는 것이 있다. 하루에 내 블로그에 방문한 사람이 몇 명인지 카운트되는 것인데, 이것이 바로 유튜브 구독자 몇 명 이런 기준과 같이 내 블로그의 수준을 평가하는 기준이 된다. 일 방문자 수가 많으면 많을수록 다양한 기회들이 생기게 되고 똑같은 후기를 작성하더라도 받게 되는 원고료나 협업 비용의 단가가 올라가게 된다.

또 이 블로그가 꽤 괜찮은 블로그다라는 인증 마크와 같은 '인플루언서 인증'이라는 개념도 있다. 어느 정도 수준에 도달하게 되면 네이버 측에 신청을 해서 인플루언서 선정을 기대해볼 수 있는데 심사를 거쳐서 가부가 판별이 난다. 쉽게 할 수 있는 것은 아니고, 여러 번 도전 끝에 되기도 하는데, 해당 분야에서 인증 마크를 받은 느낌이라 아무래도 조금 더 신뢰가 가는 측면이 있다.

3) 체험단 활동은 어떻게 해야 하는 건가요?

평범한 사람들이 부수입 개념으로 접근하기에 인플루언서는 너무 본격적이다. 소박한 부수입의 개념으로는 체험단 활동으로 식비나 꾸밈비, 여가 생활비 정도 절약하자는 마음으로 시작하는 게 좋다. 다행히 체험단은 일 방문자 수가 100명 정도만 넘어가면 외식 정도는 신청할 수 있다. 일 방문자수 100명은 초반 몇 달 동안 꾸준히 글을 게시하면 그리 어렵지 않게 달성할 수 있는 목표이기 때문에 처음에는 이 정도를 목표로 블로그를 운영해보는 것이 좋겠다.

SNS 체험단을 한눈에 볼 수 있게 모아놓은 사이트도 따로 있다. 〈레뷰〉나 〈서울오빠〉 등이 제법 큰 사이트들이고 이 외에도 규모가 조금 더 작은 여러 체험단 사이트들이 있다. 여기에 들어가서 내가 원하는 카테고리의 체험을 확인하고 체험 일정과 장소 또는 내용을 살펴본 후, 기한 내에 신청하고 당첨 결과를 기다리면 된다.

경쟁률 등도 나오기 때문에 이런 것들을 확인하고 전략적으로 접근하는 것도 방법이다. 예를 들어서 미용실 체험을 하고 싶은데 마감기한이 거의 다 되었는데 아직 경쟁률이 다른 미용실 체험에 비해서 높지 않은 곳이 있다면, 이런 곳을 신청하면 아무래도 당첨 확률이 높아진다. 또 당첨 기준에는 당연히 일 방문자 수도 포함되기 때문에 아직 방문자 수가 높지 않은 초보 블로거 시절에는 메인 체험단 사이트들보다는 이용자 수가 조금 더 적은 다른 사이트에서 신청을 한다든지 이런 것들도 당첨 확률을 높이는 팁이다.

한 가지 유의해야 할 것은 체험단 활동에도 에티켓이 있다. 당연히 시간 약속을 엄수해야 하고, 체험 시 기본 매너를 지키는 것은 필수이다. 블로거라는 것이 어떤 특혜를 주는 대상이 아니기 때문에 소위 '갑질'이라고 하는, 체험단에 명시되지 않은 과도한 요구를 해서는 안 된다. 그리고 가장 중요한 것은 당연히 정성스레 후기를 작성하는 것이다. 나의 경우에는 체험을 진행했는데 후기를 마음에 들어하셔서 이후에도 여러 번 꾸준히 연락을 받아서 같은 체험을 진행한 경험이 꽤 된다. 이런 식으로 '한 번 보고 마는 사이인데 뭐 어때' 하는 마음보다는 이왕이면 해당 사장님의 영업에 도움이 되었으면 좋겠다는 마음으로 정성껏 후기를 작성해야 한다. 실제로 체험단 사이트에서도 해당 블로거의 체험단 활동 이력을 꾸준히 체크하기도 하고 소위 진상 블로거는 아닌지 확인하는 등 이런 부분들이 기록으로 남기 때문에 부수입 활동이지만 책임감을 갖고 임해야 한다.

4) 블로그 글은 어떻게 작성해야 하나요?

이제 본격적으로 글을 작성해야 하는데, 처음에는 어떤 글로 채워야 할지 막막한 마음이 들 수도 있다. 블로그 글은 보통 사진과 글의 조합으로 이루어지는데, 개인적인 팁은 사진들을 먼저 올려두는 것이다. 그러고서 글을 쓰면 사진과 글이 유기적으로 연결되면서 가독성이 한층 높아진다. 또 글을 먼저 다 쓰고 거기에 맞는 사진을 다시 하나씩 골라야 하는 수고로움도 피할 수 있기 때문에 글을 쓰는 시간이 단축되는 효과도 있다.

간혹 다섯 줄에서 열 줄 정도의 글을 달랑 올리고 "내 블로그에는 왜 사람들이 안 올까?"라고 고민하시는 분들이 있는데 이미 잘되는 블로그 글들을 참고해서 보면 좋다. 최소한 어느 정도의 글자 수는 충족이 되어야 콘텐츠로서의 의미가 있다. 네이버에서 블로그의 수준을 평가할 때 해당 페이지에서 얼마나 오랫동안 머물면서 보고 있는지 시간을 점검한다는 이야기도 있어서 어느 정도 스크롤을 내리면서 볼 수 있는 길이의 글이어야 도움이 된다.

그리고 또 하나, 사진을 올릴 때는 서명이라고 해서 사진마다 나만의 마크 같은 것을 새길 수가 있는데 이를 꼭 해야 한다. 세상은 넓고 생각보다 양심이 없는 사람은 많아서 얼굴을 서로 보지 않는 온라인상에서는 나의 창작물에 대한 도용이 빈번하게 일어난다. 따라서 해당 사진이 나의 것이라는 인증 마크를 꼭 남겨두어야 한다. 반대로 나도 다른 사람의 사진이나 자료를 활용할 때는 꼭 출처를 밝혀야 한다.

이런 식으로 비록 온라인상에서 하는 활동이지만 오프라인에서와 같은 매너를 갖추고 활동을 해나가야 오랫동안 꾸준히 탈 없이 지속할 수가 있다. '블로그는 이미 포화될 대로 포화된 시장 아닌가'라는 생각이 들 수 있지만, 대단한 인플루언서가 되겠다는 마음보다는 소박한 목표를 갖고 활동을 한다면 생활비를 방어해주는 꽤 쏠쏠한 효자가 될 수 있다.

5 바쁜 당신에게 추천! 짧은 시간으로 운영하는 인스타그램

요즘은 사실상 모든 SNS가 포화 상태다. 초창기에는 생산자로 참여하는 크리에이터 자체가 많지 않았기 때문에 조금만 활동을 해도 성과를 내기가 더 쉬웠다. 그런데 요즘은 어떤 SNS를 선택하더라도 분야별로 영향력을 펼치고 있는 기존 인플루언서들이 있기 때문에, 온라인상에서 내 자리를 확보하기까지는 시간이 조금 걸린다. 따라서 시작해서 몇 달 만에 짠 하고 인플루언서가 되리라는 허황된 대박의 꿈을 꾸는 것보다는 꾸준히 콘텐츠를 쌓아나가면서 단단하게 나의 이야기를 쌓아올리겠다고 생각하는 편이 현실적이다. 그리고 눈에 띄는 성과가 없는 긴 시간 동안 이 '꾸준히'가 가능하려면 해당 SNS의 특성이 나의 성향과 잘 맞아야 한다. 그런 의미로 블로그의 특성에 대해 살펴봤다. 인스타그램의 세계로 가보자.

1) 인스타그램은 어떤 특성이 있나요?

인스타그램의 가장 큰 특성은 두 가지가 있는데, '비주얼 중심' '이미지 중심'이라는 것과 '소통'이 굉장히 중요한 SNS라는 것이다. 또한 소통의 속도도 빠른 편이다. 전반적으로 SNS가 흘러가는 구조 자체가 다른 SNS보다 속도감이 있다. 콘텐츠 소비와 소통이 말 그대로 즉각적으로 빨리빨리 이루어진다. 이 점이 본업 외에 활동할 SNS로서는 굉장한 장점이 될 수 있다.

하나의 콘텐츠를 생산하는 데 들이는 시간을 생각하면, 블로그 같은 경우에는 나름대로 전체적인 흐름, 기승전결 등이 필요하기에 글을 작성하는 데 그래도 어느 정도의 시간이 필요하다. 반면에 인스타그램에 올릴 콘텐츠 같은 경우에는 정말 바쁜 날에는 크게 별 설명 없이 사진만 몇 장 올려도 무방해서 콘텐츠를 빨리빨리 올리기가 좋고, 틈틈이 짬을 내서 하기에 매우 적합하다.

소통 같은 경우에도 출퇴근 시간과 같은 자투리 시간을 이용해서 틈이 날 때마다 댓글을 달아준다거나 하는 식으로 하면 되기 때문에 본업이 바빠서 부수입에 진득하게 투입할 시간이 많이 없는 분들이 부담 없이 시작해 보기 좋다.

그렇다고 소통을 등한시해서는 안 된다. 짧은 시간 동안 소통을 할 수 있다는 것이지 중요하지 않다는 말은 아니기 때문이다. 인스타그램에 있어서 소통은 굉장히 핵심적인 요소이다. 인스타그램은 검색 기반의 플랫폼이 아니다 보니 나도 모르는 사이에 알고리즘의 노예가 되어 콘텐츠를 접하게 되기도 하지만 적극적 팬심으로 꾸준히 들어와서 콘텐츠를 살펴보기도 한다. 이런 식으로 충성도 높은 팔로워를 확보하는 것이 인스타그램 운영의 핵심이기 때문에 꾸준한 소통을 통해서 친밀감을 쌓아나가는 게 중요하다. 따라서 이런 소통이 어렵거나 귀찮은 사람에게는 인스타그램이 맞지 않는다. 쌍방향 소통은 피로하고, 내 콘텐츠를 일방향으로 보여주고 싶다는 분들은 부수입 리스트에서 인스타그램을 지우시는 것이 낫다.

다만 예외적으로 일방향 소통만으로도 팔로워가 금방 늘어나는 경우도 있기는 하다. 비주얼 중심인 SNS의 특성상 누가 봐도 외모가 아주 눈에 띄면 그 자체로 사람들이 콘텐츠에 매력을 느끼기 때문에 소통에 크게 신경을 쓰지 않아도 된다. 이때 외모가 특출나다는 것은 꼭 '예쁘다' '잘생겼다'라는 기준이라기보다 패션이 굉장히 독특하거나 사진만 봐도 눈길을 끄는 자신만의 스타일이 돋보인다거나 하는 것들까지 모두 포함이다. 그러나 평범한 사람 대부분은 이런 외모를 갖추지는 못했기 때문에 진심이 담긴 소통으로 관계를 다져나가는 것이 필요하다.

2) 인스타그램의 수익 구조는 어떻게 되나요?

그렇다면 내가 올린 사진 몇 장과 짧은 영상이 어떻게 수입으로 연결되는 것일까? 일단 인스타그램하면 '좋아요'라는 엄지 모양의 아이콘이 떠오를 것이다. 이 '좋아요'를 많이 받으면 돈이 되는 것인가? 슬프게도 좋아요는 전혀 돈이 되지 않는다. 내 게시물이 '좋아요'를 많이 받으면 기분만 좋을 뿐 실질적으로 내 통장에 돈이 들어오는 것은 아니다.

이 점이 인스타그램이 블로그나 유튜브와 다른 점인데 공식적으로 해당 게시물에 대해서 돈을 지급해주지는 않는다. 정확히 말하자면 최근에 '릴스'라는 짧은 동영상에 대해서는 일정 기준을 달성하면 수익을 지급해주는 구조가 생겨나기는 했다. 그래서 인스타그램으로 돈을 벌기 위해서는 내 콘텐츠에 호감을 느끼고 모여든 팔로워들을 대상으로 추가적인 행위를 해야 한다.

대표적인 것이 공구이다. 이는 공동구매라는 뜻으로 팔로워들에게 특정 물품을 판매하는 것이다. 이때 팔로워들은 해당 인플루언서의 취향이나 안목, 전문성 등을 믿고 물품을 구매하게 된다. 처음에는 기존 브랜드의 물품을 판매하다가 점차 규모가 커지면 자신이 직접 상품을 개발해서 판매하기도 한다.

다음은 최근 급격히 떠오른 릴스를 통한 수입이 있는데, 릴스는 세로 형태의 길이가 짧은 동영상 콘텐츠이다. 음악이나 목소리 녹음,

또는 각종 효과를 통해서 짧은 시간에 이목을 집중시켜야 한다. 이때, 일정 기준을 만족시키면 조회수당 수익을 지급해준다. 최근에는 릴스 전성시대라고 할 정도로 인스타그램이 사진 중심의 플랫폼에서 릴스 중심의 짧은 영상 플랫폼으로 바뀌는 느낌이다. 따라서 새로 인스타그램에 도전하시는 분들은 릴스 위주로 콘텐츠를 제작해 보는 것이 팔로워를 모으는데 훨씬 효과적일 것이다.

릴스의 수익 창출 조건은 세 가지를 만족하면 되는데, 먼저 한 영상의 조회수가 10만 이상이 되어야 하고, 팔로워가 최소 1,000명 이상이어야 하며, 마지막으로 나이가 19세 이상이어야 한다. 인스타그램을 통해서 공식적으로 발생하는 현금성 수익인 만큼 릴스를 공략해서 팔로워도 모으고 수입구조도 만들어두면 좋다.

또 하나의 수입원은 브랜드와의 협업이다. 이것은 모든 SNS에서 공통된 수익구조인데 인스타그램도 브랜드 협업이 수익의 큰 비중을 차지한다. 브랜드에서 인스타그램의 수준에 따라서 적정한 비용을 지불하고 자신들의 제품이나 행사 등을 홍보하는 것이다. 인스타그램 팔로워들은 이미 관심사가 비슷한 사람들이 모여 있기 때문에 이곳에 관련된 브랜드의 제품을 홍보하게 되면 불특정 다수에게 흩뿌리는 홍보보다 직접적인 홍보 효과가 더 크다. 브랜드 입장에서도 광고비용 대비 효과가 좋은 효율적인 홍보 방식이다 보니 늘 적합한 인플루언서를 적극적으로 찾게 된다. 나는 사람들에게 물건을 파는 건 자신이 없다 하시는 분들은 이 브랜드 협업을 적극적으로 진행해서 수입원을 만드는 것이 좋다.

단순 홍보 외에 제휴하는 곳의 링크를 걸어두고 여기서 구매가 발생하면 일정한 수수료를 받는 방식도 있다. 다만 이런 브랜드 협업이나 제휴 링크 활동의 경우에는 협업 대상을 선택할 때 팔로워들이 해당 콘텐츠에 대해서 거부감을 느끼진 않을지, 아무리 광고비를 준다지만 내가 운영하는 인스타그램의 색깔과 조금 동떨어진 것은 아닌지 이런 부분에 대해서 신중하게 고민해야 한다. 자칫 과도한 욕심으로 꾸준히 쌓아올린 팔로워들과의 신뢰가 한순간에 무너질 수 있기 때문이다.

3) 인스타그램의 수준은 어떻게 평가되나요?

이렇게 인스타그램을 통한 수익은 크게 공구, 릴스, 브랜드 협업으로 이루어지는데, 다른 SNS와의 차이점은 마치 영업직처럼 콘텐츠를 단순 게시하는 활동 외에 추가적인 활동을 내가 얼만큼 하느냐에 따라서 같은 팔로워 수를 갖고 있더라도 수입이 천차만별로 달라진다는 것이다. 라이브 방송 등을 꾸준히 해서 콘크리트처럼 단단한 팬층을 확보하고 있으면 1,000명이 되지 않는 팔로워 수로도 1만 명의 팔로워를 가진 사람 못지않게 수익을 낼 수도 있다. 그래도 일반적인 기준이라는 것이 있으니 팔로워수가 어느 정도 있어야 하는지 그 기준에 대해서 알아보자.

각 SNS마다 그 SNS의 활성화 정도를 보는 기준이 있다. 블로그가 '일 방문자 수'라는 지표를 봤다면 인스타그램에서는 뭐니 뭐니 해도 '팔로워 수'가 중요하다. 크게 다섯 가지 정도로 나눠볼 수 있는데, 다루는 분야나 같은 팔로워 수를 가졌더라도 소통이 얼마나 활발하게 이루어지는 채널인지에 따라서 조금씩 다르긴 하지만, 대체로 이런 기준으로 인플루언서의 급을 나누고 뒤로 갈수록 홍보 게시물 하나당 단가가 높아진다고 보면 된다.

나노 인플루언서	1,000~10,000명의 팔로워
마이크로 인플루언서	10,000~50,000명의 팔로워
미드 티어 인플루언서	50,000~500,000명의 팔로워
매크로 인플루언서	500,000~100만 명의 팔로워
메가 인플루언서	100만 명 이상의 팔로워

4) 팔로워 수는 어떻게 늘리나요?

그렇다면 팔로워 수는 어떻게 늘릴까? 초반에 인스타그램을 시작하면 지인들 위주로 팔로워를 늘려나가게 마련인데, 사실 지인 팔로워는 크게 의미가 없다. 내가 대단한 인싸라서 연락처가 몇천 개씩 저장되어 있고, 지인 팔로워만으로 몇천 명을 한 번에 만들 수 있다면 몰라도 그게 아닌 평범한 사람들은 소소한 지인 팔로워만으로 채널의 의미 있는 성장을 이룰 수 없다.

그리고 개인적으로는 오히려 부수입을 위한 SNS를 시작할 때 지인들에게 굳이 알리지 않는 걸 추천하는 편이다. 아무래도 오프라인상의 지인들이 본다고 생각하면 콘텐츠의 내용을 한 번 더 거르게 돼서 진심으로 진정성 있는 내용이 담기기 어려운 경우도 많다. 그래도 지인들이 없으면 팔로워가 0인데 괜찮나 싶겠지만, 꾸준히 콘텐츠를 쌓아나가면 어느 순간 폭발적으로 팔로워가 늘어나는 순간이 온다. 그때까지는 적은 팔로워 수의 굴욕을 기꺼이 견뎌내며 오프라인 지인들의 시선을 신경 쓰지 않고 더 자유롭고 진솔한 콘텐츠를 만드는 것이 더 좋다.

그리고 한 가지 팁은 내 콘텐츠가 알고리즘의 파도를 타고 많은 사람들에게 뿌려지기 전까지는 내가 만들어가려고 하는 주제와 관련된 인스타그램을 찾아서 먼저 팔로우 신청을 하나씩 하면서 나의 존재를 알리는 것도 방법이다. 해당 인스타그램의 게시물에 댓글도 꾸준히 정성스럽게 달면서 소통을 해나가다 보면 그곳에 모인 다른 사람들에게도 나의 존재가 눈에 들어오게 된다. 그리고 같은 관심사를 가지고 있다 보니 자연스럽게 나의 채널로 유입이 되는 것이다.

이런 식으로 초반에는 오프라인 가게로 치면 집집마다 광고 전단지를 뿌려서 "우리 개업했어요!"라고 홍보하는 느낌으로 같은 관심사를 가진 인스타그램에 직접 방문해서 조금씩 나를 알리는 것이 좋다. 가만히 있으면 내가 인스타그램을 시작했는지, 이런 인스타그램이 있는지 아무도 모른다. 알 수가 없다.

5) 콘텐츠는 어떤 주제로 올려야 할까요?

콘텐츠는 어떤 주제로 올려야 할까? 이것저것 중구난방으로 올리기보다는 하나의 일관된 주제를 꾸준히 올리는 것이 좋다. 보통 처음 인스타그램을 시작하면서 저지르기 쉬운 실수가 본인의 일상을 나열하듯이 올리는 것이다. 우리는 연예인이 아니라서 나의 사소한 일상을 궁금해하는 사람은 많지 않다. SNS로 부수입 활동을 할 때 가져야 할 마음가짐은 '생산자 마인드'이다. 나의 콘텐츠를 세상에 배설하듯이 내뱉는 것이 아니라 팔로워들이 과연 이 콘텐츠가 궁금할까? 알고 싶을까? 보고 싶을까?를 생각하고 세상에 선보여야 한다.

실제로 내가 했던 실수이기도 하다. 인스타그램 초창기에 블로그를 하다가 우연히 인스타그램을 접하고 시작하게 되면서 블로그와 같은 맥락으로 외식, 요리, 여행 등의 일상을 잡다하게 올렸다. 그러다가 어느 순간 먹방이라는 하나의 주제로 집밥과 외식에 관련된 것만 꾸준히 올렸더니 3만 명에 가까운 팔로워를 확보하게 되었다. 나와 같은 시행착오를 겪지 않길 바라는 마음에서 강조해서 말한다. 꼭 한정된 주제의 콘텐츠를 업로드 하자.

인스타그램은 어찌 보면 굉장히 아이러니한 SNS이다. 어떤 플랫폼보다 빠르게 돌아가고, 소통이 즉각적으로 이루어지는 것 같으면서도 결국 성공적인 운영을 위해서는 꾸준하고 진득한 팬을 확보해 나가는 것이 중요한 이중적 속성을 가진 플랫폼이라는 생각이 든다. 이런 특성을 잘 파악해서 자투리 시간을 활용하고 싶고, 소통에 자신이 있는 사람이라면 한번 도전해볼 만하다.

6 퍼스널 브랜딩과 장기적 수익, 유튜브가 답이다

블로그, 인스타그램, 유튜브. 이렇게 세 개의 SNS를 운영 중인 내게 끝판왕을 꼽으라면 단연 유튜브라고 대답할 것이다. 일단 콘텐츠 생산의 수준 자체가 가장 높다. 글이나 사진은 '잘' 쓰느냐, '잘' 찍느냐의 문제이지 아예 할 줄 모르는 사람은 없지만, 영상 편집의 경우 따로 배우지 않으면 못 하는 사람들이 더 많기 때문이다. 하지만 다행인 것은 막상 편집 기술을 배우려고 들면 생각보다 간단한 몇 가지 기술로 일단 시작해볼 수 있다.

이런 기술적인 문제보다 사실 영상 콘텐츠 제작이 더 망설여지는 이유는 글로 내 생각을 표현하는 것과 달리 영상을 통해서 말을 하는 내 모습을 찍는 것도, 내 목소리를 화면을 통해서 듣는 것도 일반인의 입장에서는 전부 어색하게 느껴지기 때문일 것이다. 그런데 바로 이 점이 유튜브라는 SNS가 가진 독특한 매력이자 뚜렷한 차별점이 되기도 한다.

1) 유튜브는 어떤 속성이 있나요?

우리가 오프라인상에서 사람들을 만날 때 그 사람의 표정, 인상, 목소리, 톤 등 말의 내용 외에 비언어적 표현들에도 많은 영향을 받는다. 하물며 옷차림 등도 그 사람을 평가하는 요소가 되는데, 영상 콘텐츠를 통하면 이런 것들이 고스란히 느껴지기 때문에 단순히 글이나 사진만으로 소통하는 것보다 가장 확실하게 나의 캐릭터가 전달된다. 그래서 어떤 SNS보다도 '퍼스널 브랜딩'이라고 하는 나 자신이 어떤 사람인지, 어떤 가치와 능력이 있는 사람인지 사람들에게 각인시키는 과정이 가장 강렬하고 자연스럽게 이루어진다.

실제로 나도 블로그와 인스타그램을 운영할 때는 제안받지 않았던 무수한 기회들을 유튜브를 운영하면서 만나게 됐다. 각종 전자책 출판, 강의 판매, 개별적인 사이트나 인플루언서들의 협업 제의, TV 방송 출연이나 인터뷰 출연 제의 등등 수많은 제안을 받게 됐다. 물론 콘텐츠 자체를 조금 더 단단하게 다져두고 추가적인 활동을 하고자 하는 마음에 제안을 모두 받아들이지는 않았지만, 적어도 기회가 온다는 것이다.

유튜브는 콘텐츠 제작의 측면에서 분명 품이 많이 들기 때문에,

블로그나 인스타그램과 달리 "가볍게 한번 시작해보세요"라고 말할 수 있는 플랫폼은 절대 아니다. 그러나 들이는 노력만큼 콘텐츠가 쌓였을 때의 파급력은 가장 큰 SNS이기도 해서 내 어떤 부분만큼은 확실하게 브랜딩하고 싶다는 욕심이 있는 사람이라면 유튜브를 시도해보길 추천한다.

2) 유튜브의 수익 구조는 어떻게 되나요?

수익 구조 측면에서도 다양하게 돈을 벌 수 있도록 구조가 잘 짜여 있다. 유튜브의 수익 구조는 크게 다섯 가지 정도로 나뉘는데, 가장 기본은 '애드센스'라는 것이다. 일정 기준에 도달하면 신청을 통해서 승인을 받게 되는데, 이후에는 내가 만든 영상에 삽입되는 광고에 대해서 애드센스 비용을 받게 되는 것이다.

언뜻 들으면 블로그의 애드포스트가 떠오를 텐데 둘의 차이점은 수익률이다. 애드포스트는 현저히 낮은 수준이라 정말 티끌을 모은다는 느낌인데, 유튜브 애드센스는 꽤 의미 있는 수익률을 보인다. 흔히 조회수 수입이라 부르는 것이 바로 이 애드센스이다. 당연히 영상의 조회수가 많아지면 광고를 보는 사람도 그만큼 많아져서 이 수입이 늘어나게 된다.

그리고 인스타그램 브랜드 협업과 마찬가지로 유튜브도 브랜드와의 협업을 통한 수익이 꽤 쏠쏠하다. 아무래도 유튜브는 영상 매체이다 보니 유튜브의 브랜드 협업은 우리가 TV를 볼 때 나오는 광고의 형태와 유사한 면이 많다. 영상 전체에 해당 내용을 홍보하는 브랜디드 콘텐츠가 있고, 단순히 해당 내용을 영상에 노출하거나 별다른 설명 없이 영상 한쪽에 보여주기만 하는 PPL이 있다. 광고 단가는 당연히 구독자 수에 따라서 달라지는데, 실제로 구독자 2만 명 규모의 유튜버인 내가 진행했던 광고 단가는 100만 원에서 350만 원까지 다양했다. 처음 구독자가 1만 명도 되지 않았을 때는 영상 한 편당 30만 원짜리 광고로 시작했고, 채널이 성장하면서 광고 단가도 조금씩 올라갔다.

이 외에도 구독자분들이 직접 후원금을 주시는 형태가 있는데, 라이브 방송을 하게 되면 슈퍼챗을 보낸다거나, 채널 멤버십이라고 해서 콘텐츠를 제작하는 데 보탬이 되라는 의미로 채널 회원으로 가입해서 매달 일정 금액의 돈을 내기도 한다. 이런 분들을 대상으로 회원분들만 보실 수 있는 회원 전용 영상을 따로 공유하는 혜택을 드리기도 한다. 최근에는 쇼핑이라는 또 하나의 수익 구조가 생겨서 특정 제품의 링크를 걸고 이를 통해서 구매가 이루어지면 수수료를 주기도 한다.

이렇게 유튜브의 경우 현금성 수입을 창출할 수 있는 방법이 한 채널에서도 굉장히 다양하게 구성되어 있다. 모든 것을 다 할 필요는 없고, 내가 잘할 수 있고, 하고 싶은 방식으로 수익을 창출하면 된다.

간혹 회원 전용 영상 혜택이나 라이브 방송 중에 받는 슈퍼챗 같은 것들은 “너무 돈벌이 같은 느낌이 아닌가?”라며 망설이시는 분들이 있는데, SNS 활동의 목적은 어디까지나 부수입 창출이라는 것을 항상 명심해야 한다. 경제적으로 충분히 넉넉해서 정말 시간을 생산적으로 보내고 온라인상이지만 인간적인 교류를 꾸준히 해나가고 싶다는 고차원적인 목표를 갖고 하시는 분이 아닌 이상 말이다. 대신 경제적인 대가를 받는 만큼 거기에 상응하는 퀄리티 있는, 유익한 콘텐츠를 제공하면 되는 것이다.

3) 애드센스 수익 창출의 기준은?

가장 기본이 되는 수입인 애드센스의 수익 창출 기준은 어떻게 될까? 마냥 쉽지는 않은데 다음과 같은 조건을 충족하면 된다. 구독자 수 1,000명, 최근 1년 동안 총 시청 시간 4,000시간(시청자들이 내 영상을 시청한 시간을 말한다) 또는 최근 90일 동안 쇼츠(짧은 동영상) 조회수 1,000만 회를 달성하면 유튜브 파트너 프로그램에 가입할 수 있다. 이렇게 되면 광고에서 발생하는 수익의 일정 부분을 지급받는다. 나도 처음 이 조건을 달성하기까지 꽤 많은 시간이 걸렸다. 그 전까지는 정말 아무런 대가 없는 영상 제작을 계속해야 했다.

4) 얼굴 공개가 꺼려지는데 어떤 대안이 있을까요?

이제 틈만 나면 보던 유튜브 속의 무수한 영상들이 어떻게 돈이 되는지 알았을 것이다. 본격적으로 콘텐츠를 제작하기에 앞서서 여전히 고민되는 부분들이 있다. 가장 큰 부분은 '얼굴 공개'일 것이다. 내가 연예인도 아니고, 방송인이나 언론인도 아닌데 영상 매체에 얼굴을 공개하고 주저리주저리 나의 이야기를 한다는 것이 왠지 모르게 쑥스럽다.

이런 분들을 위한 희소식을 말씀드리자면 얼굴을 굳이 공개하지 않고도 영상을 제작할 수 있는 방식이 정말 많다. 가장 기본적인 방식으로는 일단 일반적인 형태로 영상을 찍되 얼굴 부분에 스티커를 붙인다거나, 캐릭터 이미지를 덧입혀서 얼굴이 노출되지 않도록 하는 것이다. 이것도 귀찮은 분들은 얼굴은 나오지 않게 하고 상반신만 찍어서 영상을 올리는 분들도 있다.

여기서 조금 더 나아가면 아예 나를 드러내지 않고 콘텐츠를 제작할 수 있는 방식이 있다. 한 가지는 콘텐츠 내용과 맞는 활용 가능한 기존 영상들을 모아서 목소리만 녹음해서 영상을 제작하는 방식이다. 또 하나는 약간의 기술이 필요하긴 하지만 애니메이션 영상이라고 해서 내가 표현하고자 하는 내용을 그림으로 그려가며 전달할 수도 있다. 개인적으로 영상 촬영을 위해서 매번 화장하고 매무새를 가다듬어야 하는 과정들이 귀찮게 느껴져서 이 두 가지 방식도 모두 시도해보았다.

직접 제작한 경험과 시청자로서 다른 영상들을 봤을 때 느낀 점들을 종합해봤을 때 얼굴 공개 여부는 채널 성장에 그렇게 핵심적인 요소는 아니다. 얼굴을 드러내든 드러내지 않든 가장 중요한 것은 콘텐츠 그 자체이다. 다만 주제에 따라서는 얼굴을 드러내지 않고 이야기를 하는 것이 신뢰도가 떨어질 수도 있어서 내가 하고자 하는 주제에 따라서 고민해볼 문제이다. 얼굴 공개에 대한 문제는 이렇게 다양한 대안이 있으니 이것 때문에 도전도 해보지 않고 포기할 필요는 없다.

5) 영상 제작을 하려면 장비가 많이 필요하지 않나요?

다음은 장비에 대한 부분이다. 블로그나 인스타그램을 시작하려할 때는 굳이 하지 않는 고민인데, 꼭 유튜브를 하겠다고 하면 온갖 장비부터 비싼 돈을 들여서 사들이는 사람들이 있다. 촬영에 필요한 장비로는 카메라, 마이크, 조명, 삼각대 정도가 있는데 채널을 채 개설하기도 전에 카메라부터 마이크 등 온갖 장비부터 새것으로 사면서 기분만 들뜬다.

나는 지금도 핸드폰으로 촬영을 하고 있다. 심지어 인터뷰 영상도 만 원짜리 삼각대 위에 핸드폰을 올려두고 찍어서 오시는 분들이 놀라는 경우가 많았다. 요즘은 기술이 워낙 발달해서 핸드폰으로 찍은 영상으로 콘텐츠를 제작해도 퀄리티 면에서 전혀 뒤지지 않는다. 그래도 나는 보다 나은 영상을 위해서 장비에 투자하고 싶다는 분들은 적어도 유튜브를 통해서 수익이 난 다음에, 그 수익을 재투자하는 형태로 해도 절대 늦지 않다. 유튜브를 시작하려는 분들께 꼭 당부하고 싶은 부분이다.

6) 어떤 주제를 선정해야 할까요?

지금까지 콘텐츠의 형식이나 촬영 도구에 대해 고민해보았다. 하지만 가장 심사숙고해야 할 것은 당연히 '주제'이다. 이미 이렇게 많은 유튜버가 있는데 나는 도대체 어떤 주제로 올려야 할까?

주제를 선정할 때 가장 염두에 두어야 할 것은 "내가 꾸준히 콘텐츠를 만들 수 있는 주제인가?"이다. 보통은 내가 잘한다고 생각하거나, 좋아하는 것 또는 평소에 즐겨 보는 영상과 관련된 주제를 큰 고민 없이 선택한다. 그러다 보면 영상을 하나둘 만들다가 몇십 개가 되면 더는 올릴 내용이 없는데 하게 되는 경우가 생긴다.

꾸준히 활동하는 채널에 들어가서 동영상의 개수를 한번 살펴보자. 보통 몇백 개에서 천 개가 훌쩍 넘는 경우도 많다. 그러니 내가 이 주제로 계속해서 몇 년간 영상을 만들어낼 수 있을지 이것부터 고민하는 것이 첫 번째이다. 이때 꾸준히 할 수 있을지에서 중요하게 고려해야 할 사항이 '제작 비용'이다. 한 편의 영상을 찍는 데 비용이 너무 많이 드는 콘텐츠는 배제하는 것이 좋다. 명품 유튜버라든지 해외 여행 유튜버처럼 초기 투자 비용이 많이 드는 콘텐츠는 수익이 나기도 전에 나의 주머니 사정으로 포기하게 될 확률이 더 높다.

또 지금 핫한 카테고리를 선택하는 경우도 있다. 초창기에는 게임 유튜버들이 꽤 흥했고, 여행 유튜버, 재테크 유튜버, 테크 유튜버 등 시대마다 핫한 주제도 조금씩 바뀌었다. 그러니 지금 인기 있는 주제라고 해서 뒤늦게 무작정 따라 하는 것은 금물이다. 내가 지금 진입해서 긴 시간 동안 콘텐츠를 제작하고 구독자분들과 신뢰를 쌓아가는 동안 이미 트렌드가 바뀌어 있을 수도 있다.

따라서 이번 기회에 나 자신을 들여다보면서, 내가 좋아하고 잘할 수 있는 것 중에서, 한 편을 제작하는 데 돈이 많이 들지 않고, 꾸준히 콘텐츠를 만들 수 있는 주제를 내 안에서 잘 발견해보자.

7) 영상 편집은 어떻게 하나요?

주제만큼 고민되는 것이 "영상 편집은 어떻게 할까?"일 테다. 처음 편집을 시도할 때는 너무 전문가적인 기술을 습득하려고 하는 것보다 무료 편집 앱을 이용해서 일단 가볍게 영상을 만들어보는 게 더 의미 있다. 우리가 TV 방송에서 보게 되는 영상들은 정말 화려한 편집 기술을 자랑한다. 하지만 유튜브 시청자들은 유튜브 영상에서 전문가 수준의 완성도 있는 영상미를 바라지 않는다. 오히려 조금은 부족한 영상미에 다른 매력을 갖춘 그 부분이 TV 영상과는 다른 포인트가 되기도 한다.

그러니 편집 기술을 전문가 수준까지 배운다고 시간을 보내느라 제대로 된 나만의 영상 제작은 시작도 못 해보는 우를 범하지 말고, 부끄러운 수준이더라도 하나의 영상을 완성해보자. 나도 처음 편집했던 영상은 너무 처참한 수준이라 지금도 보지 못하고 있다. 하지만 그러면 어떤가? 하면서 조금씩 늘어가면 된다.

어렵게 생각할 것 없이 초보 수준에서는 딱 두 가지만 하면 된다. 영상을 자르고 붙인다, 자막과 음악 정도를 넣는다. 용어를 설명하자면 영상을 자르고 붙이는 것은 '컷 편집'이라고 하는데, 자막과 음악을 넣는 것도 어렵다 싶으면 일단 이렇게 컷 편집만 해도 어느 정도 봐줄 만한 영상이 된다. 특히 요즘은 내가 따로 자막을 넣지 않아도 유튜브 자체에서 자동 생성으로 제공해주기 때문에 아예 자막을 생략하는 것도 방법이다.

물론 이외에도 조금씩 여러 가지 효과를 넣으면 영상이 더 풍부해지기는 하지만, 이런 건 차차 배워나가면 된다. 무료 앱에 조금씩 익숙해지면 프리미어 프로와 같은 고급 편집 툴을 배워서 영상의 완성도를 차츰 높여나가자.

여기서 꿀팁!

앞에서 얼굴을 공개하지 않고 콘텐츠를 만드는 방법으로 애니메이션 영상을 소개했는데, '두들리'라는 프로그램이 있다. 이 프로그램을 잘 활용하면 어렵지 않게 그림 영상을 만들 수 있다. 물론 이 프로그램은 이용료가 있는 유료 프로그램이다.

8) 새로 시작할 때 팁이 있을까요?

마지막으로 새로 유튜브에 진입하시려는 분들은 꼭 쇼츠라는 짧은 동영상, 숏폼을 적극 활용하라고 말하고 싶다. 바야흐로 지금은 숏폼 전성시대이다. 어느 순간 긴 영상들이 점점 설 자리를 잃어가고 많은 사용자가 재생시간이 짧은 영상들을 선호하기 시작했다. 아무 생각 없이 알고리즘이 추천하는 쇼츠 영상을 계속 보다가 1~2시간을 훌쩍 보낸 경험을 누구나 가지고 있을 것이다. 그만큼 요즘 핫한 형태이다 보니 이왕이면 숏폼 영상을 제작해서 올리면 보다 빠르게 구독자를 모으는 데 도움이 될 것이다.

유튜브는 선뜻 시작할 만한 SNS는 아니지만 그만큼 콘텐츠가 하나씩 쌓여감에 따라 뿌리를 더 깊게 내리는 느낌이 있다. 다만 이렇게 뿌리를 내리기까지 시간이 걸리기 때문에 개인적으로 SNS 채널을 키우는데 중요한 것은 멘탈이라고 생각한다. 조회수 0, 또는 내 지인만 겨우 본 한 자릿수 조회수의 굴욕을 오랜 시간 견뎌낼 수 있는 멘탈의 맷집이 있어야 한다. "뭐 어때, 하다 보면 보는 사람이 점점 생기겠지" "나랑 관심사가 같은 사람이 1,000명은 있겠지"라는 마음으로 하다 보면 어느 순간 나의 콘텐츠가 알고리즘의 파도를 만나는 날이 온다.

또 오랫동안 꾸준히 하면 부수입도 벌어다 주면서 '기록' 그 자체로서의 의미도 갖게 된다. 부수입을 위해서 SNS 활동을 하지 않았다면 무심코 지나쳤을 일상의 많은 순간, 또는 당시의 생각들, 결과물들이 돌아보면 어느 순간 나의 SNS에 고스란히 저장되는 것이다. 돈도 되고, 하다 보면 내 인생의 발자취도 되어주는데 이만하면 한번쯤 도전해볼 만하지 않은가? 더도 말고 덜도 말고 딱 월 100만 원만 벌어보자는 마음으로 오늘 당장 뭐라도 시작해보자.

왜 내 SNS는 돈이 안 될까?

7

요즘은 누구나 SNS를 하나씩은 가지고 있다. 부수입을 벌어보겠다는 목표가 있어서가 아니라 소소하게 자신의 일상을 올리는 용도로 웬만한 사람들은 이미 자신만의 SNS를 운영하고 있다. 특히나 연령대가 젊으면 젊을수록 마치 카톡을 사용하듯 인스타그램에서 DM이라는 메시지로 소통하는 것도 익숙하고, 심지어 요즘은 서로 친구가 되고자 하거나 관심이 있는 사람에게 예전처럼 핸드폰 번호를 물어보는 것이 아니라 인스타그램 아이디를 물어본다고 한다. 세상이 정말 많이 달라졌고, SNS는 이미 우리 일상 속에 깊숙이 들어와 있다.

문제는 누구나 '돈이 되는' SNS를 운영하는 것은 아니라는 점이다. 다양한 SNS를 운영하고 있다 보니 주변에서 "왜 내 SNS가 성장하지 않을까?" "왜 팔로워나 구독자가 늘지 않을까?"라는 질문을 받게 된다. 질문을 한 당사자와 함께 SNS를 살펴보면 몇 가지 안타까운 점들이 눈에 띄기 마련이다.

먼저 첫 번째는 콘텐츠의 형식 자체가 제대로 갖춰져 있지 않은 경우가 많다. 처음 SNS를 시작할 때는 적어도 이미 잘 운영하고 있는 사람들을 관찰해야 한다. 글은 어떻게 구성하는지, 사진은 어떻게 찍는지, 영상은 어떤 식으로 만드는지 꼼꼼하게 봐야 한다. 블로그 글이라고 하면 적어도 적당한 글자 수 정도는 맞추는 노력을 해야 한다. 기승전결도 없이 나 혼자 일기 쓰듯이 사진 한 3~4장에, 글도 5줄에서 10줄 정도 적어놓고 나는 나름대로 꾸준히 쓰고 있는데 왜 방문자 수가 안 느는지 모르겠다며 한탄한다. SNS는 내 일기를 끄적이는 곳이 아니다. 일기를 쓰고 싶다면 나만의 진짜 일기장에 한 글자 한 글자 꾹꾹 눌러서 따로 쓰자. SNS를 제대로 운영하기로 마음먹었다면, 내가 쓰는 글이 일기가 아닌 콘텐츠라는 것을 명확히 인지해야 한다. 따라서 콘텐츠의 형식적인 면에서도 처음부터 잘할 순 없지만 할 수 있는 선에서 최대한 흉내는 내야 한다.

두 번째는 콘셉트의 부재이다. SNS를 통해서 돈을 벌기 위해서는 내가 콘텐츠 생산자라는 사실을 기억해야 한다. 내 넋두리가 아닌, 정제된 생각과 보기 좋게 차려진 콘텐츠로 소비자들의 이목을 끌어야 한다. 진열을 엉망으로 해놓고 "왜 손님이 안 오지?"라고 말하는 편의점을 떠올려보자. 오프라인과 온라인이라는 차이만 있을 뿐, 특별한 콘셉트가 없는 SNS는 소비자 입장에서는 진열이 엉망인 편의점과 똑같다. 그저 어수선하게 느껴지고, 뭘 하는 곳인지 전혀 알 수 없다. 입장을 바꿔서 연예인이 아닌 그저 평범한 일반인의 일거수일투족이 그렇게 궁금하고 보고 싶을까? 아닐 것이다. 그러니 요리, 여행, 맛집, 쇼핑 등 일상의 모든 것을 중구난방으로 늘어놓지 말고, 주제를 좁혀서 이 SNS가 어떤 콘셉트로 운영되는지 방문한 사람들이 한눈에 알 수 있도록 해야 한다. 그래야 콘텐츠 소비자들에게 각인되고 재방문 등으로 이어지면서 점차 채널이 성장할 수 있다.

또 한 가지 꼭 당부하고 싶은 것은, 오히려 너무 빨리 돈이 되는 SNS를 만들고 싶은 마음에 과한 무리수를 두지 말라는 것이다. 분명 SNS의 생명은 사람들의 관심이다. 부정할 수 없는 사실이다. 그렇지만 빨리 사람들의 관심을 끌고 싶어서 무작정 자극적인 콘텐츠를 생산하는 사람이 되는 것은 말리고 싶다. 요즘 하루가 멀다 하고 가짜 뉴스가 온라인상에 성행한다. 이런 콘텐츠를 만들면 당장에는 돈이 될 수도 있겠지만 위에서 말한 퍼스널 브랜딩과는 전혀 거리가 멀다. 콘텐츠를 통한 무한한 확장이 애당초 차단되는 성격의 콘텐츠이다. 그러니 성급한 마음에 이런 선택을 하지 않기를 거듭 당부드린다. 적어도 내 가족에게 당당할 수 없는 콘텐츠, 보여줄 수 없는 부끄러운 콘텐츠는 만들지 말자.

8 부업이 본업이 되기를 꿈꾸지는 말자

세상에는 나를 유혹하는 달콤한 말이 너무 많다. 하루에 4시간만 일하고 대기업 연봉을 받는다든지 회사를 그만두고 자유롭게 시간을 보내면서 수입은 더 늘었다든지 하는 누가 봐도 혹할 만한 말로 나의 퇴사를 부추긴다. 하지만 내 가족이라면 부수입이 어느 정도 성과가 있다고 해서 홀랑 그만두고 전업으로 삼지는 말라고 말해줄 것이다. 회사를 그만두고, 또는 나의 본업을 과감히 그만두고 SNS 활동을 통한 수입을 나의 제2의 업으로 삼을 정도가 되려면 압도적 수준이어야 한다. 적어도 내 본업을 통한 수입의 2배 이상은 되어야 고민을 해볼 수 있을 것이다.

이렇게 강력하게 말하는 이유는 SNS는 내가 통제할 수 없는 알고리즘이라는 무시무시한 놈에 의해서 돌아가기 때문이다. 나의 노력만으로 지금의 SNS 활동이 유지될 수 있다면야 그대로 이어가겠지만. 만약 그 수입이 본업과 비슷해지는 순간 누구라도 퇴사를 고민하게 될 것이다. 그런데 안타깝게도 알고리즘의 영역은 나의 노력만으로 닿을 수 있는 영역이 아니기에, 내 인생을 전부 걸기에는 너무 위험하다. 실제로 호기롭게 그만두고 부수입원을 전업으로 삼았다가 바뀐 알고리즘으로 인해서 곤욕을 치르는 경우를 종종 봐왔다. 이런 경우에 내가 언제든 다시 돌아갈 수 있는 자격증을 가진 사람이 아닌 이상 인생 경로가 꼬여버릴 수 있다.

트렌드도 굉장히 빠르게 변한다. 몇 년 전부터 갑자기 짧은 동영상이 트렌드가 되었다. 그전까지는 긴 영상들이 인기가 있었는데, 어느 순간 사람들이 숏폼을 선호하면서 너도나도 1분 내외의 짧은 영상을 올리기 시작했고 시청자들도 숏폼 영상을 훨씬 즐겨 보게 되었다. SNS를 본업으로 삼으려면 늘 트렌드에 민감하고 관심을 기울여야 한다. 자칫 한 번 트렌드를 놓치게 되면 사람들의 관심에서 멀어지는 건 한순간이다. SNS에 나의 대체자는 무수히 많기 때문이다.

게다가 요즘은 이미 오프라인 대형 인플루언서라고 할 수 있는 톱스타들도 유튜브를 비롯해 각종 SNS에 진출하고 있다. 고소영, 이민정, 한가인, 유재석, 신동엽, 이경규 등 내로라하는 스타들마저 유튜브의 세계에 뛰어들면서, 이들은 곧 나의 경쟁자가 된다. 그러니 삶이 지루해서 내 인생을 다이내믹하게 파도 위에서 휘청이게 하고 싶은 게 아니라면 나의 주수입원으로 단단한 땅에 뿌리를 튼튼하게 내리고, 이런 활동들은 어디까지나 부수입원으로 하는 게 좋다.

또 굉장히 슬프지만 내 SNS가 조금 잘되는 거 같으면 나를 따라 하는 사람들이 생겨나기도 한다. 세상에는 생각보다 양심 없는 사람들이 참 많은데, 특히나 직접 얼굴을 볼 수 없는 온라인 공간의 특징이 양심의 가책을 더욱 무디게 만든다. 서로 일면식도 없는 사이니까 아이디어나 창작물을 도용하면서도 크게 죄책감을 느끼지 않는 것이다. 그런데 이렇게 나를 따라 하는 SNS를 발견했다고 한들 내가 취할 수 있는 조치가 많지는 않다. 게다가 완전 똑같은 게 아니라 내 콘텐츠를 바탕으로 약간의 변주를 준 경우라면 더욱 난감해진다. 이럴 때 부수입원으로 운영하던 경우라면 속상하고 기분이 언짢을지언정 내 인생 자체에 큰 타격까지는 아니지만, 전업이라면 문제의 심각성이 다르다.

끝으로 주수입원이라는 뒷배가 있는 상태로 활동할 때와 부수입원을 전업으로 삼으려고 할 때는 콘텐츠를 대하는 마음가짐이나 태도 자체가 달라진다. 여유가 없으면 자칫 기존 색을 잃고 자극적인 콘텐츠를 한다든지, 위험한 광고를 받는다든지 하는 잘못된 선택을 할 수 있다.

나의 경우 유튜브를 경제 콘텐츠로 운영하고 있는데, 금융과 관련해서 광고비는 많이 주지만 전혀 유익하지 않은 광고들이 꽤 있다. 지금까지는 우리 가정의 주수입원이 따로 있기에 이런 광고 제안은 단칼에 거절해왔는데, 만약 SNS가 주수입원이 된다면 또 다른 선택을 했을 수도 있다. 이런 식으로 내가 가진 카드가 SNS로 한정되면 사람이 조급해지고 각종 유혹에 넘어갈 확률이 높아진다.

그러니 부수입원이 본업이 되기를 꿈꾸지는 말자. 나에게 주수입원이 있는 동안에는 부수입을 통해서 나와 우리 가족의 삶을 보다 윤택하게 만드는 도구로 충분히 활용하고, 준비가 되거나 때가 되어 자연스럽게 본업에서 은퇴한 이후에는 자본소득을 통한 월 현금흐름 외에 시간도 생산적으로 보내고 추가적인 수입도 만들어낼 수 있는 은퇴 생활의 소소한 즐거움으로 삼으면 좋겠다.

물론 부수입을 위해서 SNS를 하다가 시도하지 않았으면 몰랐을 나의 적성과 재능을 발견해서 폭발적으로 잘되는 경우는 예외이다. 그런데 내가 연봉이 1억이 넘는데 SNS를 통해서 연 5,000만 원의 수입을 만들었을 때 회사를 그만두고 남는 시간에 SNS에 더 많은 에너지를 투입하면 금방 더 잘될 것 같은 느낌이 들 것이다. 이럴 때 그만두는 건 심각하게 고려해봐야 한다는 것이다. SNS로 연 5,000만 원의 수입을 만들어내는 것도 굉장한 노력을 기울인 것이다. 절대 쉽지 않은 일이다.

다만 회사에 다니면서 SNS를 하면 수입이 1억 5,000만 원이 넘는데, 회사를 그만두는 순간 5,000만 원부터 시작해야 한다는 것을 생각해야 한다. 굳이 불안정한 플랫폼 안에서 숨이 턱 끝까지 차오르며 생존을 위해서 허우적거릴 필요는 없지 않을까. 선택은 어디까지나 개인의 몫이다.

4장

재테크의 꽃, 투자

1 지금 나의 결정이 10년 뒤 내 인생을 바꾼다!

이제는 본격적으로 투자를 할 때이다. 사회초년생 시절, 처음 재테크를 하겠다고 마음먹으면 의욕이 앞서 빨리 적은 돈을 불려서 목돈을 만들기를 원한다. 그러나 재테크에도 단계가 있다. 걸음마를 해야 그다음에 뛸 수 있듯이, 차근차근 종잣돈부터 모으고 부수입을 늘리려는 노력도 하면서 돈의 가치와 돈의 속성에 대해서 하나씩 체득해나가는 것이 먼저이다. 코인과 같은 리스크가 큰 종목에 투자해서 단기간에 빠르게 부자가 되고 싶은 마음은 충분히 이해하지만 애초에 단단하게 뭉쳐지지 않은 돈뭉치는 그만큼 한순간에 또 스르르 흩어져버리기도 쉽다.

쉽고 빠르게 갈 수 있다는 각종 유혹을 물리치며 느리지만 단단하게 1억이라는 종잣돈을 모았다면, 이제 투자를 해야 한다. 종종 걸음마 단계에서 뛰는 단계로 넘어가지 못하고 계속 머물고 계신 분들이 있는데 이것 또한 문제이다. 잘나가는 연예인이나 스포츠 스타 등 연수입이 어마어마한 분들이 아닌 이상 절약과 저축만으로 원하는 재테크 목표를 달성하는 것은 한계가 있다.

절약과 저축과 달리 투자의 세계에는 분명히 마이너스라는 리스크 영역이 존재한다. 이 부분 때문에 망설이게 되기가 쉬운데 마이너스가 있다는 건 반대로 굉장한 플러스도 있다는 말이다. 그러니 내가 감당할 수 있는 리스크가 어느 정도인지, 리스크를 관리하는 능력을 꾸준히 기르면서 이 플러스의 영역, 즉 투자 수익을 늘리는 실력을 쌓아나가야 비로소 원하는 자산을 만들 수 있다.

이때 돈뭉치를 어떤 방향으로 굴려나가는지가 굉장히 중요하다. 재테크에는 굉장히 긴 시간이 소요되기 때문에, 처음부터 방향을 제대로 잡고 굴려나가야 한다. 자칫 잘못된 방향인지도 모르고 10년 동안 계속 굴려버리면, 나름대로 재테크를 한다고 시간을 보내도 10년 뒤 내가 도달한 곳이 엉뚱한 지점일 수 있다. 차라리 돈을 펑펑 쓰고 재테크에 아예 신경을 안 썼으면 모를까, 나름 오랜 시간 동안 꾸준한 노력을 기울였는데 이런 결과를 마주하면 너무 억울하지 않겠는가. 따라서 이번 장에서는 적어도 10년 정도 투자의 세계에서 어느 방향을 바라보고 나아가야 할지 큰 틀에서 길잡이가 되어주는 이야기들을 해보려고 한다.

나는 재테크를 시작한 지 꼬박 10년이 지났다. 이제 딱 11년 차이다. 28살이던 해, 11월에 결혼해서 29살 새해부터 본격적으로 가계부도 쓰고 아끼고 모아가며 나름의 재테크를 시작했다. 결혼하던 당시에는 "언제 차도 사고, 서울에 번듯한 집도 살까?" 참 까마득했는데, 지금은 그때 생각했던 것들을 차근차근 이루었다. 이렇게 재테크에 있어서 '10년'이라는 시간은 굉장히 중요하고 의미가 있는 숫자이다. 하지만 그저 10년이라는 시간만 지난다고 해서 내가 원하던 대로 인생이 바뀌는 것은 아니다. 내 돈이 자본주의의 흐름을 잘 탈 수 있도록 늘 적절한 곳에 놓아두어야 한다.

돈을 어디에 투자하느냐에 따라서 10년 뒤 결과는 정말 하늘과 땅 차이이다. 개인적으로 가장 아쉬운 투자가 있는데, 믿기지 않겠지만 강남의 그 유명한 아파트인 '도곡렉슬'이 갭이 2억이던 시절이 있었다. 매매가와 전세가의 차이가 2억밖에 나지 않아서 내 돈 2억만 있으면 도곡렉슬을 살 수 있었다. 그런데 이때는 2억이라는 돈으로 9억, 10억 하는 집을 산다는 생각 자체를 하지 못해서 수중에 2억이라는 돈이 있었음에도 이런 방법을 고려해보지 못했다. 만약 이때 내가 같은 2억이라는 돈으로 도곡렉슬을 샀더라면, 지금쯤…. 더 이상의 말은 생략하도록 하겠다. 내 돈을 어디에 묻어둘지 결정하는 것이 얼마나 중요한지 단번에 체감이 되었으리라 생각한다.

이 밖에도 집을 매매할지, 전세로 거주할지, 외곽에 집을 살지, 서울에 집을 살지, 등등 매 순간의 선택들이 모여서 10년 뒤에는 출발이 비슷했던 주변 사람들과 자산 격차가 커지게 된다.

문제는 내 돈을 묻어둘 '적절한 곳'이 어디인지 처음부터 알기가 쉽지 않다는 것이다. 따라서 최소한 적절하지 않은 곳, 안전하지 않은 곳을 가려낼 줄 알아야 하고, 더 적절한 곳, 가장 적합한 곳을 알기 위해서 끊임없이 재테크 공부를 해나가야 한다. 투자의 대상을 일일이 나열하고자 하면 코인, 미술품 등등 정말 다양하지만, 이 책에서는 가장 많은 사람이 하는 두 가지, 부동산과 주식에 대해서만 다루어보려 한다.

2 부동산? 주식? 재테크에 정답은 없다

부동산이냐? 주식이냐? 이건 마치 "엄마가 좋아? 아빠가 좋아?"처럼 어느 하나를 딱 고르기 난감한 질문이다. 특히 요즘은 주식 중에서도 미국 주식 투자가 붐인데, 서울 아파트에 투자할지 미국 주식에 투자할지는 재테크에 있어서 늘 뜨거운 감자다. 이럴 때는 객관적으로 그동안의 수익률이 어땠는지를 살펴보는 것도 하나의 방법이다. 2024년 12월에 나이스신용평가가 내놓은 '국내 증시에서 미국 증시로의 머니무브'라는 보고서를 보면 주요 투자자산군별(코스피 · 코스닥 · 나스닥 · S&P500 · 서울아파트 · 금)로 최근 10년(2015년 1월~2024년 11월) 동안 나타난 수익성을 잘 비교해준 자료가 있다.

자료를 살펴보면, 주요 자산마다 2015년 1월을 100이라고 했을 때 그 가격 지수의 추이를 나타내고 있다. 2024년 11월 시점에서 나스닥은 원화 환산 시(원-달러 환율 반영) 550에 육박하고 미 달러 기준으로는 400 초반, S&P500은 300 수준, 서울 아파트는 250 초반, 금은 200 초반이다. 반면 코스피와 코스닥은 125 안팎에 그쳤다. 자료를 보고 나면 "그럼 고민할 필요가 없네, 무조건 미국 주식이 답이구만!"이라고 할 수도 있지만, 투자는 생각만큼 그렇게 간단하지 않다. 투자에는 분명히 위험이라는 것이 따른다.

수익성과 안전성을 비교한 표를 보면, 미국 주식은 다른 자산군과 비교했을 때 수익성도 높지만, 위험도도 그만큼 높다. 이 자료에서 말하는 위험도는 최대 낙폭을 측정한 것인데, 최대 낙폭이 클수록 투자자의 심리에 크게 영향을 미쳐서 결국 오랫동안 버티지 못하고 자산을 매도하게 될 가능성 또한 높아진다. 10년 동안의 수익성이라는 것은 10년 동안 해당 자산을 보유했을 때 얻게 되는 것인데, 중간에 매도해버리면 아무리 수익성이 높은 자산에 투자했다 한들 결과적으로 수중에 남는 성과는 크지 않게 된다. 그러면 차라리 수익성이 조금 덜하더라도 상대적으로 미국 주식보다 위험도가 낮은 서울 아파트에 투자하는 것이 결과적으로 성공적인 투자가 되는 것이다.

"아니 그러면 어쩌란 말이야? 미국 주식에 투자하란 말이야? 서울 아파트에 투자하란 말이야?"라는 말이 절로 나오면서 더 헷갈리

주요 자산군 가격 추이(2015. 01=100) 단위: index (출처: 나이스신용평가보고서)

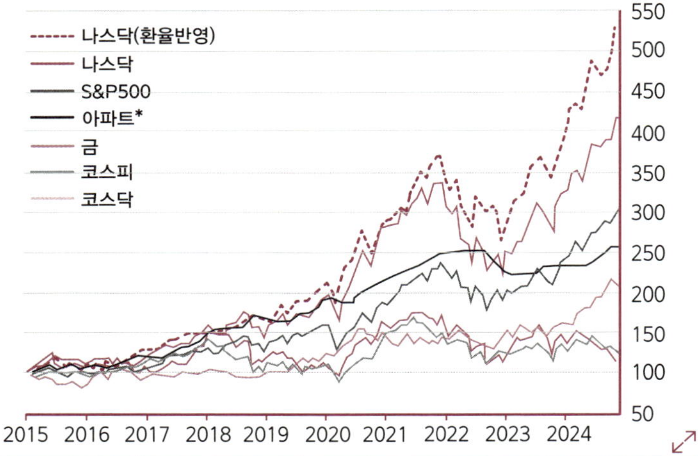

주요 자산군 수익성/안정성 비교(최근 10년) 단위: %

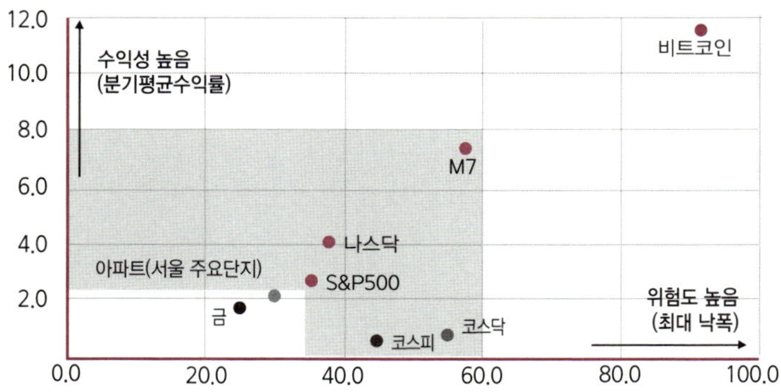

자료: 금융투자협회, NICE신용평가 가공
주1: 수익성은 분기별 평균수익률을, 안정성은 월별MDD(MaxDrawDown, 최대낙폭)지표를 활용함
주2: 분기 수익률은 매 직전분기(3개월 전)대비 증가율임
주3: 아파트(서울 주요단지)는 최근 3년 내 거래량 상위 대단지 중 실거래가 시계열이 확보되는 10개 단지의 가격을 분석함(헬리오시티, 파크리오, 고덕그라시움, 리센츠, SK북한산시티, 고덕 아르테온, 올림픽훼밀리타운, 잠실엘스, 래미안위브, 센트라스, 남산타운)
주4: M7(Magnificent7)은 애플, 엔비디아, 마이크로소프트, 알파벳(구글), 아마존, 메타(페이스북),테슬라 7종목

고 답답할 것이다. 결론부터 말하자면 부동산 VS 주식, 이 질문에 정답은 없다. 자료를 통해서 알아본 것처럼 둘이 가진 특성이 서로 달라서 나에게 어떤 자산이 더 잘 맞는 투자자산이 되어줄지는 해보기 전에는 알 수가 없다. 따라서 초보 투자자 시절에는 둘 다 해보는 것이 오히려 도움이 된다.

다만 부동산은 최소로 필요로 하는 종잣돈이라는 게 있기에 일단 주식 투자를 먼저 접해보고, 어느 정도 돈이 모이면 부동산 투자도 시도해보면서 둘 다 지속해서 투자해나갈지, 또는 둘 중에 하나만 집중적으로 투자할지 자신의 성향에 맞는 것을 고르면 된다. 주식의 경우에는 처음에는 큰 수익을 바라기보다는 공부한다는 마음으로 소액으로 접근하는 것이 좋고, 부동산의 경우에는 애초에 목돈이 들어가기도 하고 한번 매수하면 최소한 2년 단위로 돈이 묶이기 때문에 신중하게 선택해야 한다.

성향으로 나누자면 목돈이 주어지면 통제가 안 되고 써버리기 바쁜 성향인 사람들은 반강제적으로 돈을 묶어둘 수 있는 부동산이 적합하다. 주식의 경우에는 소액 투자에서는 느낄 수 없지만 점차 굴리는 돈의 규모가 커지게 되면 아무래도 부동산보다는 주가가 움직이는 변동성이 훨씬 더 크다. 이러다 보니 큰 폭의 변동성을 견뎌낼 수 있는 정신력과 담력이 있어야 한다.

부동산과 주식 둘 중에 어디에 투자하는 것이 좋을지에 대해서는 이제 어느 정도 기준점이 세워졌으리라 생각한다.

그런데 막상 "그래, 그럼 일단 둘 다 투자해보자"라고 마음을 먹고 나면 또다시 의문점이 생긴다. 그렇다면 부동산 중에서는 어떤 것에, 또 주식 중에서는 어떤 것에 투자해야 할까? 부동산의 경우 가장 일반적인 아파트 투자도 있지만, 상가 투자, 토지 투자, 오피스텔 투자도 있고, 경매라는 매매 방법도 있다. 주식도 개별 종목에 투자해야 할지, ETF라는 형태로 투자해야 할지, 배당주에 투자해야 할지 등등 방법이 정말 다양하다. 또 한 번 정답이 없는 선택지들이 내 손에 놓이게 되는데, 적어도 '꽝'은 솎아낼 수 있도록 몇 가지 이야기를 나누어보자.

3 초보라면 부동산은 똘똘한 한 채, 주식은 미국 지수 추종 ETF!

어린 시절 피아노를 배우던 때를 떠올려보면, 초급자는 바이엘이라는 교본으로 기본기를 먼저 익혔다. 어떤 누구도 "나는 체르니부터 배우고 싶어" "더 어려운 것부터 먼저 배우고 싶어"라고 말하는 사람은 없다. 그런데 희한하게 투자의 세계에서는 자본이 더 적은 사람일수록 더 복잡하고 어려운 투자 대상을 고르려는 미스매치를 보인다. 오히려 가진 총알이 든든한 사람들은 돌다리도 두드려보고 동태를 살피면서 결정적인 때를 기다리며 잠복하고 기다리고 있는데, 총알도 얼마 되지 않는 초보자들이 전쟁터의 한복판에 맨몸으로 달려나가서 애꿎은 총알만 다 소진하고 장렬히 전사하는 꼴이다.

투자의 세계는 치열한 전쟁터이다. 섣불리 투자했다가는 어렵게 모은 종잣돈을 날리는 것도 한순간이고, 꽤 오랫동안 잘못된 곳에 돈이 묶여서 마음고생을 심하게 할 수도 있다. 따라서 나에게만 대단한 행운이 찾아오리라는 헛된 기대와 혹시나 나에게 투자의 엄청난 재능이 있지 않을까 하는 잘못된 망상을 버리고, '나는 투자의 세계에서 햇병아리, 초보자다'라는 것을 정확히 인지하는 것이 내 돈을 잃지 않는 첫 번째 단계이다.

이렇게 마음을 먹었으면 다음은 초보자의 수준에 맞는 투자 상품들은 어떤 것이 있는지를 알아야 한다. 큰돈이 들어가기 때문에 신중해야 하는 부동산부터 살펴보자. 부동산 투자의 대상은 가장 기본이 되는 아파트부터 빌라, 오피스텔, 상가, 건물, 토지 등 정말 다양하다. 매매 방법도 일반적인 거래 외에 경매라는 방법을 통해서 같은 물건을 더 싸게 매매할 수도 있다. 투자 전략으로는 돈을 뭉쳐서 한 채만 가져가는 전략이 있는가 하면, 여러 채의 주택을 매매해서 다주택 전략을 구사할 수도 있다. 이 중에서 초보가 하기에 그나마 가장 안전한 것은 아파트 투자이고, 그중에서도 세금 등 여러 복잡한 것을 다 고려했을 때 똘똘한 한 채를 가져가기를 가장 추천하고 싶다.

투자 대상을 똘똘한 한 채의 아파트로 정했다면, 그다음 부동산 투자는 사실 별로 어렵지 않다. 부동산 투자의 법칙은 생각보다 굉장히 간단하다. 내가 가진 돈에 맞춰서 지금 살 수 있는 가장 좋은 것을 사면 된다. 금액대에 맞는 선택지를 추려보면 대부분 대여섯 개 정도의 목록이 만들어진다. 이 중에서 가장 좋은 것이 어떤 것인지 알아볼 수 있는 안목을 기르기 위해서 조금 공부하고 몇 가지 실수만 피하면 아파트 투자에서 크게 실패할 일은 없다.

가장 좋은 것이 어떤 것인지 알려면 먼저 부동산에는 '급지'라는 것이 있음을 알아야 한다. 한마디로 어느 동네가 더 좋은 동네인가를 얼추 순위를 매겨놓은 것인데, 간혹 주관적 생각에 사로잡혀서 급지라는 것을 인정하지 않고 부동산 매매를 하는 경우가 있다. 안타깝지만 재테크적 관점에서 이런 태도는 옳지 못하다. 결국, 아파트 가격을 결정하는 것은 많은 사람의 선호도가 반영되는 것인데, 이 부분을 생각하지 않고 주관적 선호도로 부동산을 매매하게 되면 아무래도 가격 상승이 더딜 수밖에 없다. 동네를 급지라는 이름으로 나누어놓은 자료들을 보고 계급 사회를 조장하는 것이냐며 부정적인 시선을 보내는 사람들도 있지만, 투자의 관점에서는 가슴 아프더라도 이런 부분을 인정하고 내가 가진 돈으로 갈 수 있는 가장 좋은 동네로 가야 한다.

다음으로 아파트 매매 시 피해야 할 실수로는 같은 동네에서 단지 평수만 늘려가는 경우나 세대수가 너무 적은 아파트를 구입하는 경우 등이 있다. 부동산을 매매할 때는 자산 가치의 상승 가능성이 있는지, 그리고 억 단위의 큰 금액이 들어가는 만큼 환금성이 좋은지를 고려해야 한다. 그런데 같은 단지에서 평수만 늘려 이사하게 되면 같은 돈으로 더 상급지의 아파트를 매매한 것보다는 자산 가치의 상승이 덜하게 되고, 대단지가 아니라 세대수가 적은 아파트를 사게 되면 거래량이 적어서 필요할 때 거래가 빠르게 이루어지는 환금성이 떨어지게 된다. 이런 몇 가지만 주의해서 매매한다면 똘똘한 아파트 한 채는 부동산에 처음 투자하는 초보자에게 안전한 투자처가 되어줄 것이다.

주식도 부동산만큼 선택지가 다양하다. 일단 부동산과 달리 지리적 제약이 없다. 부동산의 경우 해외 투자가 대중적이지는 않지만, 주식의 경우 최근 몇 년 사이에 해외주식, 그중에서도 미국 주식 투자가 대중적 인기를 끌면서 하나의 트렌드로 자리 잡았다. 그래서 투자자 입장에서는 고민이 더 많아진 셈이다.

일단 국내 주식인지, 미국 주식인지 생각해야 한다. 거기에 개별 우량주에 투자할 것인지, 배당주에 투자할 것인지, 또는 ETF에 투자할 것인지 등도 세부적으로 고려해야 한다. 무엇보다 트레이딩 방식으로 자주 사고팔며 수익을 낼 것인지 장기투자로 오랫동안 돈을 묻어둘 것인지 큰 틀에서의 투자 방식도 결정해야 한다.

나열한 것을 보기만 해도 벌써 머리가 지끈거릴지 모른다. "뭐가 이렇게 많고 복잡하지?"라는 마음이 들 것이다. 주식의 경우 소액 투자도 충분히 가능하기에 사실 가장 이상적인 방법은 여러 가지 방식으로 모두 투자를 해본 후에 나에게 맞는 방식을 찾는 것이다. 그런데 문제는 큰 수익을 내고 싶다는 욕심에 초보 투자자 시절 리스크가 큰 방식으로 투자했다가 투자한 원금을 크게 잃게 되고, 이런 투자 실패가 몇 번 반복되다 보면 아예 시장을 떠나버리게 된다는 것이다. 부동산의 경우 어느 정도 강제로 장기투자가 되기 때문에 매도하고 싶은 마음이 요동쳐도 마음대로 진행할 수 없지만, 주식은 클릭 한 번이면 언제든 마음대로 매도가 가능해서 버티지 못하고 쉽게 시장을 떠나고 만다.

이런 불상사를 막기 위해서 상대적으로 수익률이 조금 덜하더라도 변동성이 적어서 초보자가 멘탈의 큰 흔들림 없이 버티기 좋은 종목을 고르는 것이 중요하다. 그래야 당장 짜릿한 수익을 안겨주지는 못하겠지만 천천히 진득하게 주식 시장이라는 곳이 어떤 곳인지 배울 수 있게 된다.

이런 의미에서 추천하고 싶은 것은 '미국 지수 추종 ETF 투자'이다. 안타깝지만 그동안의 주가 흐름을 살펴보면 국내주식보다는 미국 주식 시장이 훨씬 더 안정적으로 흘러왔다. 국내 주식의 경우 어쩔 수 없이 미국 경제의 영향도 받고, 하물며 옆 나라 중국 경제의 영향도 받는 등 국내 여건뿐만 아니라 글로벌 경제의 영향을 많이 받는다. 주식 시장에서 안정성이라는 것은 변동성이 적은 것을 말하는데, 이렇게 변수가 많으면 아무래도 그만큼 주가가 출렁일 수밖에 없다.

미국 주식 시장의 경우 상대적으로 전 세계 경제를 끌고 가는 역할이다 보니 국내 주식과 비교했을 때는 외부 요인으로 인한 흔들림이 적은 편이다. 게다가 미국 주식은 마치 강남 아파트와 같이 조금만 주가가 내려가면 매수하기 위해서 기다리고 있는 대기 수요 자본이 늘 전 세계에서 기다리고 있는 시장이고, 특히나 401K라는 퇴직연금 제도가 있어서, 정치인들도 대중들의 은퇴자금이 걸려 있는 주식 시장에 늘 신경을 쓸 수밖에 없다. 이러한 구조적인 요인들로 인해서 초보자가 접근하기에는 변동성이 큰 국내 주식보다는 미국 주식 시장이 훨씬 안전하다.

그리고 미국 주식 중에서도 개별 종목이 아닌 미국 시장 전체에 투자할 수 있는 방법이 있는데 바로 ETF라는 상품을 통해서 미국 대표 지수를 추종하는 상품에 투자하는 것이다. 미국 주식 3대 지수로는 나스닥, 다우존스, S&P500 이렇게 세 가지가 있는데, 각각 산출방식과 반영하는 시장, 성격 등의 다양한 부분에서 차이를 보인다.

나스닥 지수란 나스닥 거래소 내 기업 주가를 기반으로 산출되는 기술주 중심의 지표이고, 다우존스 지수란 미국의 30대 대형 우량주를 포함한 안정적이고 전통적인 산업의 지표이다. S&P500지수란 미국 상위 500대 기업 주가를 반영하여 미국경제를 대표하는 지수로 전 세계 투자자들이 가장 많이 참고하는 지표이다.

그래서 결론적으로 나스닥은 기술주와 성장주 중심의 동향을, 다우존스는 안정적인 대형 우량주의 흐름을, S&P500은 미국경제 전반의 흐름을 확인하는 데 각각 유리하다.

그리고 각각의 지수에 투자할 수 있는 ETF가 따로 있는데 보통 나스닥과 S&P500을 추종하는 ETF에 많이들 투자하는 편이다. 나스닥 지수를 추종하는 ETF로는 QQQ가 있고, S&P500 지수를 추종하는 ETF로는 SPY, VOO 등이 있다. 지수 추종 ETF의 세부적인 내용에 대해서는 뒤에서 다시 한 번 자세히 다룰 예정이므로 여기에서는 초보자에게 적합한 주식 투자에 대한 큰 틀에서의 아이디어만 담으려 한다.

부동산은 똘똘한 한 채, 주식은 미국 지수 추종 ETF. 초보자에게 적합한 이 두 가지만 잘 새겨두자.

4 주식은 일단 소액으로 사보자, 그게 최고의 공부법이다

주식을 처음 접하게 되면 용어도 낯설고, 재무제표부터 해서 이것저것 공부도 많이 해야 할 것 같은 생각이 든다. 그래서 채 시작도 하기 전부터 겁을 먹고 어렵게 느끼는 경우가 많다. 또는 의욕적으로 공부하겠다고 마음을 먹고 책이나 강의 등으로 찔끔찔끔 공부하다가 흐지부지 중도에 포기할 때도 있다. 이런 식으로 주식이라는 것은 실생활에서 누구나 기본 지식으로 알고 있는 내용은 아니다 보니 경제 공부, 이론 공부를 하고 투자를 하겠다고 마음먹는 경우가 많은데 직접적인 투자 없이 공부만 선행한다고 하면 중간에 흥미를 잃기가 쉽다.

개인적으로 추천하는 최고의 주식 공부법은 소액이라도 일단 주식을 사보는 것이다. 주식 시장에 내 돈을 직접 투자하는 것이 그 어떤 책이나 강의보다 훨씬 효과적인 공부법이다.

나의 경우 대학교 1학년이던 20살 때 당시 과외 아르바이트를 해서 번 돈 200만 원을 투자했던 게 주식 투자의 시작이었다. 엄마의 추천으로 한 종목을 매수했는데 운 좋게 50만 원의 수익을 봤던 기억이 있다. 따로 공부는 전혀 하지 않았지만, 한 번의 경험으로 주식 계좌도 만들었고, 주식 매매의 실전 경험도 하게 된 것이다. 게다가 우연히 수익이 나는 경험까지 더해지면서 주식 투자에 대한 긍정적인 기억을 갖게 됐다. 이런 경험을 발판 삼아 대학교에서 주식 투자 동아리에 가입했고, 더 깊이 있는 공부를 하게 되었다. 선투자 후 공부였는데 이렇게 했더니 오히려 공부할 때 내용이 더 잘 와닿았다. 20대 학생이었기 때문에 가진 돈이 많지 않았지만 늘 투자에 관심을 가지고 소액이지만 직접 투자를 하곤 했었다.

이후에 28살에 결혼을 하게 되면서 시어머님께서 가방을 사라며 몇백만 원의 돈을 주셨다. 그런데 이때도 이 돈으로 주식 투자를 했다. 대단한 성과가 났던 것은 아니지만 20살 때부터 돈은 불리고 투자하는 거라는 걸 주식 소액 투자를 통해서 몸소 알게 됐기 때문에 수중에 돈이 생기면 늘 이런 선택을 하게 됐다.

주식 투자에 있어서 소액이라도 직접 투자해놓고 공부할 것을 권하는 이유는 투자의 세계에는 심리라는 것이 강하게 작용하기 때문이다. 아무리 과거의 주가 흐름을 보고 숫자로 분석을 하고 데이터를 통해서 정답과 같은 투자의 패턴을 찾아낸다고 한들, 직접 내 돈을 넣었을 때 출렁이는 주가의 흐름 속에서 끊임없이 동요하게 될 나의 멘탈과 심리를 컨트롤할 수 없으면 만족할 만한 투자의 성과를 낼 수 없다. 따라서 소액이지만 내 돈을 직접 투자하게 되면 책으로 공부할 때는 느낄 수 없었던 하락에 대한 공포나 상승장에서의 탐욕과 같은 마음의 파도를 고스란히 경험하게 된다. 그리고 성공적인 투자를 위해서는 이런 경험을 통해서 주식 시장에 대응하는 마음의 굳은살이 조금씩 두꺼워지는 과정이 필요하다.

나는 아직 하나도 준비가 되지 않았는데 그래도 내 소중한 돈을 직접 투자하기는 조금 망설여진다고 하면 모의 투자를 진행해보는 것도 좋은 대안이다. 모의 투자지만 원하는 금액을 정하고 사고파는 행위를 하면서 투자자의 심리를 비슷하게 경험해볼 수 있다.

그리고 한 가지 꼭 당부하고 싶은 것은 주식 투자를 공부할 때 전문가의 분석보다는 투자가의 말을 참고하라는 것이다. 주식 투자의 세계는 결국 심리 게임이다. 그런데 전문가들은 과거의 데이터로 그럴듯한 분석은 얼마든지 멋들어지게 해낼 수 있지만 결국 그 안에 있는 심리에 대한 대응에 대해서는 말해주지 않는다. 주식 투자에는 하락장에서 느끼는 공포는 어떻게 극복하는지, 불타는 상승장에 뒤늦게 올라타고 싶은 탐욕은 어떻게 자제하는지, 투자 금액이 몇백, 몇천에서 억, 10억 단위로 커졌을 때 느껴지는 부담은 어떻게 다루는지 등 직접 경험한 사람만이 전해줄 수 있는 노하우들이 있다. 그리고 이것이 결국 투자 성공의 중요한 키이다.

따라서 말이나 글로만 주식 시장을 논하는 전문가들보다, 자신의 피 같은 돈을 전쟁터인 주식 시장에 직접 넣고 심리를 이겨내고 있는 투자가의 말을 참고해서 투자를 진행하는 것이 좋다.

Q) 어떤 투자가의 말을 참고해야 할까?

사기꾼이 판을 치는 세상이다. 어설프게 성공한 투자가인 척하는 사람들의 말을 믿고 투자했다가 큰일 날 수 있다. 어떤 투자가의 말을 참고해야 할까 고민이 될 때 꼭 따져봐야 할 부분이 이 사람이 나에게, 또는 불특정 다수에게 이런 조언을 함으로써 직접적인 이해관계가 있는지를 생각해봐야 한다.

예를 들어서 미국 주식을 매수했다 또는 매도했다, 이런 이야기를 공유한다고 한들 거대한 미국 주식 시장은 일개 개인이 조작할 수 있는 시장이 아니다. 반면에 국내 주식의 경우 해당 투자가를 따르는 사람들의 숫자가 많을 경우, 특정 주식 종목에 대해서 매수를 권유하게 되면 그 자체만으로도 주가에 영향력을 끼칠 수 있고, 더 나아가서는 실제로 이런 식으로 본인은 이미 선매수를 진행한 뒤에 이익을 취득한 사례도 있었다. 이런 식으로 자신의 개인적인 이득을 위해서 다수를 이용하려는 조언에 휘둘리는 일은 없어야 하기에 이 부분을 반드시 확인해야 한다.

그리고 더 안전한 방법으로는 사실 사기인지 아닌지 100% 확신할 수 없는 일반인 투자자를 굳이 참고할 필요도 없다. 워런 버핏 같은 투자의 대가가 보내는 신호만 잘 확인해도 큰 틀에서의 흐름을 따라갈 수 있다. 2차전지와 전기차 관련 주들이 개인 투자자들에게 인기의 정점을 찍고 있을 무렵 워런 버핏은 오랫동안 보유했던 중국의 전기차 종목인 BYD라는 종목을 매도했다. 늘 한 발 앞서서 행동하다 보니 당시에는 개인 투자자에게는 의아한 선택일 수 있지만 조금만 시간이 지나고 보면 고개가 끄덕여지는 경우가 많았다.

올해도 관세 전쟁으로 인해서 미국 주식 시장이 폭락했을 때, 많은 사람이 워런 버핏이 팔 때 팔았어야 했다며 후회했다. 폭락 전에 이미 워런 버핏은 한 발 앞서 현금화를 진행했다는 기사가 많이 나왔었기 때문이다. 너무나 고맙게도 투자의 대가가 일반인 개인투자자에게 늘 신호를 보내주고 있다. 물론 안타깝게도 은퇴를 선언했지만, 이런 식으로 투자 거장들의 발언이나 실제 액션을 살펴보는 것이 실체를 알 수 없는 일반인 개인 투자자를 참고하는 것보다 투자에 더욱 큰 도움이 된다.

하지만 마지막으로 더욱 명심해야 할 것은 그 누구의 말이라도 어디까지나 참고만 할 뿐 100% 신뢰하지 말고, 투자의 세계에서 믿을 수 있는 것은 오로지 나 자신뿐이라는 것을 잊지 않는 것이다. 돈을 불리는 것만큼 나에게 온 돈들을 잃지 않고 잘 지키는 것도 중요한 능력이다. 그렇기에 그 어떤 것도 그저 참고 사항일 뿐이지 맹신은 안 된다는 것을 반드시 새겨두어야 한다.

5 우량주 장기 투자? 지수 추종 ETF? 배당주 투자? 도대체 뭘 해야 되지?

초보 투자자 시절에 미국 지수 추종 ETF 투자를 묻지도 따지지도 않고 꾸준히 해나가다 보면 조금씩 주식 시장에 관한 공부가 된다. 그러면서 이때가 되면 새로운 고민이 생겨난다. “지수 추종 ETF 투자는 딱 시장의 평균 수익률만큼만 낼 수 있는 투자법이잖아? 나는 개별 종목으로 조금 더 높은 수익률을 내고 싶은데?”라든지 또는 “투자금은 계속 불어나는데 내 수중에 돈이 매달 생기는 건 아니네? 월세처럼 매달 받는 배당금이라는 것도 있네? 그러면 배당주 위주로 투자해서 매월 현금흐름을 만드는 데 집중해볼까?”처럼 점점 눈에 들어오는 것들이 많아지면서 투자에 대한 아이디어도 여러 가지로 뻗어나가기 시작한다. 차라리 아무것도 모르고 지수 추종 ETF 투자만 할 때가 좋았지 싶은 생각이 들면서 또 한 번 머리가 복잡해진다.

개인적으로 위에서 언급한 세 가지 투자법, 우량주 장기 투자나 지수 추종 ETF 투자, 배당주 투자는 모두 여타 다른 수많은 주식 투자법들과 비교했을 때 일개 개인투자자가 접근하기에 비교적 안정적이고 건강한 투자법이기 때문에 성향의 차이일 뿐, 특별히 어떤 방법이 월등히 좋다거나 또는 꼭 피해야 한다고 생각하지는 않는다.

그런데 그렇기에 셋 중에서 어느 하나의 투자법을 고르려고 하면 정말 쉽지 않고 고민이 많이 되는 것이 사실이다. 나 또한 주식 투자를 하면서 꽤 오랜 시간 고민했던 주제이기도 하다. '셋 다 괜찮은 방법이면 도대체 이 중에 뭘 해야 되지?' 이런 생각이 든 것이다. 지금부터 그 이야기를 해보려고 하는데, 어디까지나 나의 생각일 뿐 세 가지 모두 오랜 시간 검증된 훌륭한 투자법임을 다시 한 번 강조해서 밝힌다.

이 세 가지 투자법 중 하나를 고르는 것은 결국 나의 '성향'과 '상황'에 따라서 달라져야 한다. 내 투자 성향이 공격적인지, 아니면 안정적인 투자를 원하는지, 또는 일단은 자산을 불리는 투자가 지금 나에게 필요한지, 아니면 당장 월 현금흐름을 만드는 투자가 필요한지 이런 것들이 먼저 고려되어야 한다.

1) 우량주 장기투자

우량하다고 생각되는 개별 우량주를 선택해서 오랫동안 그 회사와 성장을 같이 하며 자산을 불려나가는 투자법이다. 아무래도 지수 전체에 투자하는 것보다는 리스크가 더 있는 투자법이다 보니 개별 종목을 잘 선택한다면 지수보다는 높은 수익률을 기대할 수 있다. 예를 들어서 요즘 핫한 테슬라와 엔비디아 같은 종목을 과거에 알아볼 수 있는 안목을 지녔다면 지금쯤 그 수익률은 상상할 수 없을 만큼 어마어마할 것이다. 그러니 보다 공격적으로 자산을 불리고 싶다면 우량주 장기투자가 맞는 방법이다. 다만 여기서 중요한 것은 우량주를 잘 골라야 한다는 것이다.

2) 지수를 추종하는 ETF에 투자

이 방법을 초보 투자자에게 추천했던 이유는 본업이 있고 바쁜 일상을 보내면서 특별히 주식 투자를 위해서 종목을 공부하는 데 많은 시간을 할애하지 않고 투자할 수 있기 때문이다. 미국이라는 나라는 망하지 않을 것이라는 믿음, 미국이 망할 정도면 전 세계가 망하지 않겠느냐라는 단순한 믿음과 확신만 있다면 별다른 깊이 있는 공부를 하지 않더라도 충분히 투자가 가능하다. 대신 수익률은 딱 미국 주식시장의 평균 수익률만큼만 기대할 수 있고, 배당률이 높지 않아서 월 현금흐름에 집중하는 투자자에게는 적합하지 않다.

이제는 은퇴를 선언한 투자의 거장 워런 버핏도 아내에게 남긴 유언장에서 자신이 죽으면 자산의 90%를 S&P500 인덱스 펀드에 넣으라고 했을 정도이고, 월가의 수많은 날고 기는 투자가들도 결국 장기 수익률로 놓고 보면 매년 S&P500의 수익률을 이기지 못했다는 이야기는 워낙 유명하다. 그만큼 미국 지수 추종 ETF에 투자하는 방법은 오랜 세월 동안 수많은 투자가에 의해서 검증된 투자법이다.

그런데 한 가지 아쉬운 점이 바로 월 현금흐름이다. 오랜 시간 묵혀두고 자산을 불리는 데는 적합하지만, 노후 자금 등으로 당장 월 현금흐름을 만들어내는 것이 필요한 투자자들에게는 어울리지 않는다. 이런 분들은 배당주 투자가 맞다.

이렇게 놓고 보면 어느 하나의 투자법을 계속 고집할 필요가 없다. 상황에 따라서 연령대가 더 젊고 본업을 통한 수입이 있을 때는 우량주 장기투자나 지수 추종 ETF 투자를 통해서 자산을 최대한 늘렸다가 은퇴가 다가오는 시점에서는 배당주 위주의 투자로 포트폴리오를 변경해서 월 현금흐름을 만들어내는 것도 한 방법이 될 것이다.

3) 배당주 투자

배당주 투자의 매력은 하락장에서 나타난다. 매달 또는 분기마다 들어오는 배당금이 있다 보니 하락장에서도 버티기가 조금 더 수월

하다. 특히 배당의 역사나 시스템이 아직 갈 길이 먼 우리나라와는 달리 미국의 경우 몇십 년 동안 꾸준히 배당을 늘려가며 지급하는 기업들도 많고 매월 배당금을 지급하는 월 배당 종목들도 많아서 배당주 위주의 포트폴리오를 만들기가 어렵지 않다. 특히나 일반적으로 은퇴를 고려하는 5060세대면서, 건물 임대료 등은 자금이 부족하거나 성향상 맞지 않는 분들에게는 배당주 투자가 노후대비를 위한 월 현금흐름을 만들어내는 좋은 방편이 될 수 있다.

정답은 없지만 대체로 연령대가 2040세대로 아직 본업에서 활발히 활동하고 있는 경우에는 우량주 장기투자나 지수 추종 ETF 투자와 같이 자산을 불리는 투자를 선택하는 것이 좋고, 4060세대로 자의든 타의든 어느 정도 은퇴를 고려하고 있거나 은퇴가 가까워진 연령대에서는 배당주 위주의 투자를 통해서 매달 월 현금흐름을 만들어내는 투자를 하는 것이 상황상 맞는 투자법이다. 더 직관적으로 이야기해보자면 앞으로 내가 일할 수 있는 기간이 10년 이상 남았다면 자산을 불리는 투자에 더 집중하고, 10년 미만 특히 5년 이내라면 배당주 투자의 비중을 늘려가는 것이 좋겠다.

물론 사람에 따라서 외벌이를 하고 있어서 연령대가 어리더라도 당장 가정의 매달 월 현금흐름을 늘려야 할 수도 있고, 반대로 나이가 있더라도 내가 원한다면 나이가 더 들어도 얼마든지 일을 계속할 수 있는 직업을 가지고 있어서 연령대와 상관없이 자산을 불리는 투자가 맞을 수도 있다.

또 가지고 있는 자본에 따라서도 선택이 달라진다. 배당주 투자는 적어도 1억 이상의 어느 정도 규모가 있는 자산을 투자할 때 더 효과적이다. 2~3억 정도를 투자하려고 한다면 배당주 투자도 고려해볼 만하다. 이 정도 자본으로 배당주 투자 포트폴리오를 짜면 월 100만 원 이상의 배당금을 받는 구조를 설계해볼 수 있기에 의미가 있다.

그러나 1억 미만의 금융 자산으로는 일단 자산을 불리는 투자를 선행하고 그 이후에 배당주 투자를 추천한다. 당장에는 적은 자본으로 매달 또는 분기별로 배당을 받는 투자를 하다 보면 꼬박꼬박 들어오는 배당금에 쏠쏠하다는 생각도 들고 심리적으로 만족감은 클 수 있다. 그렇지만 결과적으로 장기간 투자를 이어나갔을 때 투자 수익률을 생각해보면 적은 자본으로 찔끔찔끔 배당을 받는 배당주 투자는 좋은 선택은 아니다.

물론 꼭 어느 한 가지 투자법만을 고수할 필요는 없다. 적절한 비율로 우량주 투자와 배당주 투자를 같이 할 수도 있고, 또는 지수 추종 ETF 투자와 배당주 투자를 하거나 아예 세 가지 투자를 모두 동시에 진행할 수도 있다. 각 투자의 성격과 속성을 알아보았으니 나의 상황을 면밀하게 들여다보고 나에게 적합한 맞춤형 포트폴리오를 구성해보자.

6

미국 주식, 우량주 장기 투자 VS 지수 추종 ETF 투자

최근 몇 년간 뜨거웠던 미국 주식 시장으로 인해 "누가 테슬라에 투자해서 돈을 벌었다더라" "누구는 엔비디아에 일찌감치 투자해서 10배가 넘는 수익이 났다더라" 등의 이야기를 심심치 않게 들을 수 있었다. 더 거슬러 올라가면 애플이라는 기업이 이런 무섭게 떠오르는 종목이던 때도 있었다. 이렇게 시대별로 그 시대에 새롭게 떠오르는 산업들과 함께 놀라운 속도로 성장하는 기업들은 늘 있었다. 그리고 이런 기회의 파도에 올라타서 부를 축적한 사람들도 늘 있었다.

그러다 보니 나도 이런 우량주에 잘 투자해서 큰 수익을 기대해볼까, 아니면 수익이 조금 덜하더라도 마음 편하게 미국 대표 지수를 추종하는 ETF에 투자할까 하는 선택은 투자자 입장에서 항상 고민이 된다. 두 투자법 모두 성격은 자산을 불려나가는 투자 방식인데, 리스크 측면에서 큰 차이가 있다. 결국 리스크를 감당하면서 보다 높은 수익률을 노려볼 것인지, 아니면 안정적이지만 상대적으로 적은 수익률에 만족할 것인지의 차이인데, 날고 기는 전문 투자자가 아닌 일개 개미투자자에게는 후자가 길게 보면 제대로 돈을 벌어다 주는 효자 투자법이라고 생각한다.

당연히 제대로 된 종목을 잘 고른다면 우량주 장기 투자가 훨씬 큰 수익을 안겨줄 것이다. 문제는 내가 고른 우량주가 앞으로 10년, 20년 꾸준히 성장할 종목인지 어떻게 확신할 수 있느냐는 거다. 기업의 흥망성쇠에는 어떤 시대와 때를 만나는지와 같은 운의 영역이 크게 영향을 미친다. 실제로 한때 전 세계를 호령했던 굴지의 큰 기업들도 변화하는 시대의 흐름을 읽지 못해서 한순간에 사라져버린 경우가 무수히 많다. 지금도 이름만 들어도 바로 아는 야후나 모토로라 같은 기업들이 대표적인 예이다. 내가 선택한 기업이 미래의 야후와 모토로라가 되지 말라는 법은 없다.

이렇게 개인 투자자가 10년 뒤 글로벌 TOP 10 기업이 될 원석을 골라내는 안목을 갖추기란 쉬운 일이 아니다. 게다가 어렵사리 몇 종목 또는 한두 종목을 골랐더라도 이 기업이 앞으로 5년, 10년 동안 꾸준히 우상향하면서 성장하리라는 확신을 가지는 것은 또 다른 문제이다. 예외적으로 내가 해당 기술과 관련된 업종에서 일하고 있어서 특정 기업에 대해서 속속들이 잘 알고 있다, 미래 비전에 대해서 확신할 수 있다, 이런 경우를 제외하고는 많은 공부를 통해서 몇몇 기업을 선택했더라도 중간중간 수없이 확신이 옅어지고 주가가 출렁이면 처음의 굳건했던 믿음도 같이 흔들리게 된다.

이런 의미에서 개인 투자자에게는 미국 대표 지수를 추종하는 ETF 투자를 추천하는 것이다. 주식 투자는 결국 확률 게임인데, 장기간 우상향할 가능성이 가장 확실해 보이는 상품은 지수 추종 ETF이다. 그렇다면 "미국 주식 시장이 망할 확률이 높을까, 미국의 개별 기업이 망할 확률이 높을까?"를 생각해보면 답은 금방 나온다.

그렇다면 이렇게 물어볼 수 있다. 미국의 대표 지수를 추종하는 ETF는 어떤 것이 있을까? 앞서 소개했듯이 미국의 대표적인 지수는 나스닥, 다우존스, S&P500이 있다. 그런데 실제로 국내 투자자들이 선호하는 미국 지수 추종 ETF는 각각 S&P500, 나스닥, 필라델피아 반도체 지수를 추종하는 것들이다. 각각의 ETF에는 티커라고 해서 ETF를 구분하는 고유 코드가 있는데 이 티커로 미국 지수 추종 ETF를 소개하려고 한다.

먼저 셋 중에 가장 묵직한 지수라고 할 수 있는 S&P500을 추종하는 대표적인 ETF로는 SPY, VOO, IVV가 있다. 세 ETF 모두 S&P500 지수를 추종하여 지수와 같이 움직이지만, 우리나라로 치면 삼성증권에서 운용하는 ETF인지, 미래에셋증권에서 운용하는 ETF인지의 차이가 있는 것처럼 어떤 자산운용사에서 운용하는지에 따라서 이름이 달라진 것이다.

그뿐만 아니라 운용보수라고 해서 운용에 대한 수수료율도 각 ETF별로 조금씩 차이가 있다. 따라서 적은 금액을 투자할 때는 상관없지만 투자 금액이 커지면 이런 부분도 고려해서 투자하는 것이 좋다. 실제로 SPY의 경우 운용보수가 0.09%이고, VOO와 IVV의 경우 0.03%이다 보니 투자 규모가 큰 분들은 이 부분을 고려해서 VOO와 IVV에 투자하기도 한다. 운용자산 규모 면에서는 가장 큰 것이 SPY이며, 미국 시장에 상장된 지도 가장 오래되었다.

이 세 가지 ETF 중에 어떤 것에 투자할 것인지를 너무 고민하시는 분들도 있는데 개인적으로 이 부분은 큰 의미는 없다고 생각한다. 미세한 차이일 뿐이기 때문에 운용자산의 규모, 운용사, 운용보수, 배당 수익률 등 몇 가지를 비교해보고 본인이 끌리는 쪽으로 투자해도 무방하다.

나스닥 지수를 추종하는 ETF로는 QQQ와 QQQM이 있다. 나스닥 지수는 우리가 이름만 들으면 익히 알 만한 애플, 마이크로소프트, 엔비디아, 아마존, 브로드컴 등 기술주 중심으로 구성된 지수이다 보니 성장성도 크지만 그만큼 S&P500과 비교했을 때는 변동성도 큰 지수이다. 이러한 나스닥 지수를 추종하는 대표적인 ETF는 두 가지가 있는데, QQQ와 QQQM으로 모두 Invesco라고 하는 같은 운용사에서 운용하는 ETF이다. QQQ가 1999년에 상장되어 역사가 더 오래되었고, QQQM은 2020년에 상장되어 비교적 역사가 짧은 편이다. 다만 둘은 주가와 운용보수 면에서 차이를 보이는데 QQQ가 한 주당 가격이 615달러인 데 반해서 QQQM은 254달러로 훨씬 저렴하다*. 운용보수 면에서도 QQQ가 0.2%인 데 비해 QQQM은 0.15%로 더 저렴해서 이 부분도 매력적이다. 역사가 더 길다 보니 운용자산 규모 면에서는 QQQ가 크지만 주가를 생각했을 때 QQQM도 투자자에게 충분히 메리트가 있는 상품이기 때문에 이 또한 둘 중에 어느 ETF에 투자해도 큰 차이가 없다.

마지막으로 필라델피아 반도체 지수를 추종하는 ETF가 있는데, SOXX라는 상품이다. 필라델피아 반도체 지수는 1993년에 도입된 지수로 미국 내 증권거래소에 상장되어 있는 반도체 관련 30개 기업의 주가 흐름을 반영하는 지수이다. 바로 이 필라델피아 반도체 지수를 1배수로 추종하는 ETF가 SOXX로 S&P500이나 나스닥 지수 추종 ETF와 달리 반도체라고 하는 특정 산업에 투자하는 ETF이고, 그런 만큼 S&P500이나 나스닥과 비교했을 때 변동성이 가장 큰 편이

*2025년 12월 10일 기준 가격

다. 전반적으로는 나스닥과 비슷한 흐름을 보이지만 변동성이 더 크다고 볼 수 있다. 지수에 포함되어 있는 기업으로는 대표적으로 엔비디아, 브로드컴, TSMC, 인텔, AMD, ASML 등이 있고, 반도체 산업은 스마트폰부터 자율주행에 이르기까지 미래 산업의 쌀이라고 불릴 정도로 많은 곳에서 필요로 하는 산업이다 보니 최근 많은 투자자에게 각광받는 섹터이다.

변동성이 크기 때문에 S&P500이나 나스닥 지수 추종 ETF보다는 리스크가 있지만, 그만큼 주가 상승 면에서도 반도체 산업의 성장과 함께 쏠쏠한 수익률을 안겨주기 때문에 지수 추종 ETF에 투자하면서도 조금 더 적극적으로 수익률을 노려보고 싶다 하는 분들에게 추천할 만하다.

이렇게 미국 대표 지수를 추종하는 ETF들에 대해서 살펴봤다. 사실 투자자 입장에서 가장 궁금한 것은 ETF의 역사나 운용사, 운용보수 같은 게 아니라 "그래서 이런 ETF들의 연평균 수익률은 어느 정도 될까?"이다. 지수를 추종하는 ETF이다 보니 큰 틀에서는 미국 지수가 늘 우상향해왔던 만큼 해당 ETF들의 주가 흐름도 아름다운 우상향 그래프를 보여주고 있다.

대표적으로 S&P500의 수익률을 살펴보면 통상적으로 8~10%의 연평균 수익률을 보인다. 워런 버핏의 수익률과의 비교를 위한 자료를 보면 워런 버핏의 투자 기간인 1965년부터 2024년까지 S&P500의 연평균 수익률은 10.4%로 만약 1965년 1달러를 S&P500에 투자했다면 현재 약 379달러(약 53만 원)이 되어 있는 것이다. 최근 30년간 연평균 수익률은 11.2%이며, 최근 10년간 연평균 수익률은 13%에 달한다. 나스닥 지수와 필라델피아 반도체 지수를 추종하는 ETF는 변동성이 더 큰 만큼 성장성도 커서 기준이 되는 S&P500의 수익률보다 더 높은 수익률을 보인다.

연평균 수익률이 중요한 이유는 대략적인 연평균 수익률을 알아야 내 자산이 미래에 얼마나 불어날지 알아볼 수 있기 때문이다. 72법칙이라는 것이 있는데 이 법칙을 활용하면 자산이 2배로 늘어나는 데 걸리는 시간을 계산해볼 수 있다. 이자율이 복리로 적용된다고 했을 때 72를 해당 수익률로 나누면 대략적으로 원금의 2배가 되는 기간을 알 수 있다. 예를 들어서 S&P500의 최근 연평균 수익률인 13%로 계산을 해보면, 5.5년(72÷13) 정도, 즉 5년 반 정도면 투자자산이 2배가 되는 것이다. 이렇게 계산하면 11년 정도면 S&P500에 투자한 내 자산이 4배 정도가 된다.

종잣돈 1억을 열심히 모아서 추가 투자 없이 20년 동안 꾸준히 장기투자한다고 하면 20년 정도 뒤에는 1억이 16억으로 불어나 있는 것이다. 연평균 수익률 13%가 처음 시작할 때는 성에 차지 않겠지만 20년이라는 시간의 마법이 한 스푼 더해지면 이렇게 놀라운 성과로 이어진다. 따라서 짧은 시간에, 당장, 빨리 돈을 불리고 싶은 조급함과 욕심은 충분히 이해하지만 전업 투자자가 아닌 이상 일상과 투자생활 사이에 균형을 잡아나가면서 개인 투자자가 주식 시장에 오래 버티고 살아남아서 결과적으로 만족할 만한 수익을 낼 수 있는 투자법은 지수 추종 ETF 투자가 아닐까 한다.

7 배당주, 국내 배당주 VS 미국 배당주

준비되지 않은 노후가 사회 문제로 대두될 만큼, 길어진 평균 수명과 상대적으로 짧은 근로기간으로 인해서 많은 사람들이 노후대비에 어려움을 겪고 있다. 게다가 우리나라는 전통적으로 자산 대부분이 부동산에 편중된 가구가 많다. 심지어 어느 정도 자산이 있더라도 은퇴 후 생활의 핵심인 월 현금흐름에 대해서는 준비되지 않은 사람들이 정말 많다.

은퇴 후 생활비 재원을 마련하는 방법은 크게 국민연금이나 공무원 연금과 같은 공적 연금이 있을 수 있고 이 외에 자녀의 용돈과 같은 개인적인 방법이 있다. 이 둘을 제외하면 보통 월세, 배당금, 이자, 개인연금과 같은 자산소득을 얼마나 준비했느냐에 따라서 노후 생활의 질이 결정된다. 과거에는 부동산으로 노후대비를 하는 사람들이 많았다. 이들은 대부분 부동산 임대료로 노후를 대비하는 추세였다.

그러나 지금은 노후대비를 부동산으로 준비하기에는 다주택자의 세금 등 문제가 복잡하다. 또 건물을 통으로 매매하기에는 수익형 부동산의 자산 가격이 상승하면서 매매에 들어가는 종잣돈의 규모도 평범한 사람이 감당할 수 있는 수준을 넘어서는 경우가 많다. 이렇게 건물을 사기에는 부족한 정도의 자산으로도 탄탄한 노후대비를 할 수 있게 도와주는 것이 바로 배당주이다. 그래서 현실적으로 자산이 많지 않은 개인들에게 배당주 투자는 노후대비의 좋은 대안이 되어준다. 실제로 배당주에 관한 관심이 높지 않았던 우리나라에서도 최근 몇 년 사이에 이러한 인식이 퍼지면서 많은 사람이 배당주 투자에 관심을 보인다.

배당주에 투자할 때 가장 고민되는 부분은 바로 국내 배당주에 투자할지, 미국 배당주에 투자할지다. 우리가 배당주 투자를 할 때 고려해야 하는 부분은 배당주이긴 하지만 장기간 보유할 예정이므로 꾸준한 주가의 상승도 기대할 수 있는지, 또 배당금이 매년 안정적으로 상승해왔는지, 무엇보다 배당이 줄어들거나 끊기는 등의 별다른 이벤트 없이 꾸준히 배당금을 잘 지급해왔는지 같은 것들이다. 이런 여러 가지를 고려했을 때 국내 배당주보다는 역사가 오래되었고 시스템이 훨씬 안정적으로 굴러가는 미국 배당주에 투자하는 게 심리적으로 내 노후자금을 맡기기에 보다 안정감이 있지 않나 한다.

국내에도 주가가 꾸준히 상승하면서 안정적으로 배당금을 지급하고 그 액수도 꾸준히 증가해온 맥쿼리 인프라 같은 훌륭한 배당주들이 있다. 그리고 실제 이 종목에 장기간 투자해서 경제적 자유를 달성하신 분도 있다. 또 국내 금융주들이 배당 수익률이 높다 보니 이런 종목들로 배당주 포트폴리오를 구성해서 노후대비 자금을 마련하시는 분들도 있다.

찾아보면 분명히 국내 배당주로도 안정적이고 성공적으로 투자를 이어가시는 분들이 꽤 있지만 거듭 강조하는 것이 투자는 확률 게임이라는 것이다. 나의 투자 실력이 특별하지 않다는 대전제하에 누구나 성공할 확률이 높은 방식으로 투자하는 것이 성공적인 투자에 조금 더 가까워지는 길이다. 이런 의미에서 보다 많은 사람들에게 검증된 방식인 미국 배당주 투자를 추천하는 것이다.

배당주 투자의 방식도 굉장히 다양하다. 배당주도 개별 종목이 아닌 배당성장 ETF를 통해서 ETF 투자의 형태로 진행할 수도 있고, 리츠주에 투자해서 내 건물 없이 주식으로 월세를 받는 느낌으로 부동산에 투자하는 기업을 통해서 월세 개념의 배당금을 받는 방법도 있다.

이 외에 각종 개별주들을 통해서 나만의 포트폴리오를 구성할 수 있는데, 배당 수익률에 따라서 고배당주로 분류되는 종목들에 투자

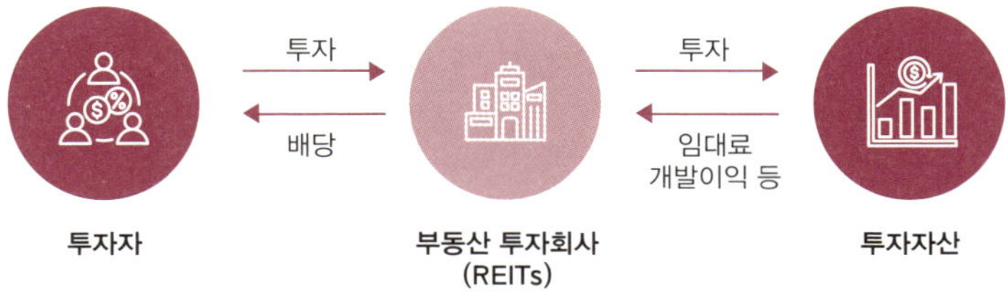

리츠 기본구조 (출처: 한국리츠협회)

해서 같은 자산으로 현금흐름을 극대화할 수도 있다. 또 최근에는 월배당을 주는 커버드콜 ETF 시장이 커지고 있다. 각각 어떤 대표적인 종목들이 있는지 간략하게 알아보자.

1) 배당과 성장을 둘 다 챙긴다, 배당성장 ETF

먼저 대표적인 배당성장 ETF로는 SCHD가 있다. SCHD는 국내에서 지수 추종 ETF인 SPY나 VOO, QQQ만큼 추종하는 투자자들이 많은 인기 ETF인데, 당장 배당 수익률은 약 3.5%대로 6~7%의 고배당주에 비하면 아쉬운 수준이지만 배당성장 ETF이다 보니 배당금이 꾸준히 증가한다는 점이 매력적이다. SCHD는 2011년 찰스 슈왑에서 출시한 ETF로, 다우 존스 미국 배당 100 지수를 기초 지수로 추종하며 10년 이상 배당금을 안정적으로 지급하고 있는 약 100개 정도의 우량주로 구성되어 있다. 코카콜라, 버라이즌, 홈디포, 시스코, 애브비 등 안정적인 배당금을 지급하는 종목들을 담고 있으며 섹터별로 살펴보면 필수소비재와 에너지 비중이 가장 높고 헬스 케어, 산업재, 금융 순으로 산업 구성만 살펴봐도 성장성보다는 안정성에 초점을 둔 기업들이 주를 이루고 있다.

그런 만큼 수익률 자체는 여타 지수 추종 ETF와 비교했을 때 떨어지는 편이지만 안정적인 현금흐름 창출과 배당금이 성장한다는 부분에 방점이 있는 ETF이다. 국내에서 워낙 열광적으로 투자하는 분들이 많은 ETF인데, 개인적으로 SCHD에만 투자하기보다 다른 ETF들과 함께 상호 보완적으로 포트폴리오를 구성해서 투자하는 것이 더 좋지 않을까 생각한다.

2) 건물 없이 월세 받는다, 리츠

다음으로 배당주 하면 빠질 수 없는 부분이 리츠주들이다. 리츠(Real Estate Investment Trust)란 다수의 투자자로부터 자금을 모아 부동산 및 부동산 관련 증권 등에 투자·운영하고 그 수익을 투자자에게 돌려주는 부동산 간접 투자 기구인 주식회사를 말한다. 한마디로 나 대신 각종 부동산에 투자해서 나에게 투자한 금액에 비례하게 월세를 꼬박꼬박 주는 형태의 주식이라고 생각하면 편하다. 부동산에 직접 투자하지 않고도 부동산 시장에 참여할 수 있는 좋은 방법으로, 안정적인 배당 수익을 얻을 수 있으면서도 부동산과 달리 높은 유동성을 가질 수 있다는 것이 장점이다. 특히 리츠주들의 경우 대체로 배당 수익률이 높은 편이다.

국내에서 가장 사랑받는 미국 리츠주로는 리얼티인컴이라는 종목이 있는데, 티커명은 'O'이다. 매월 꼬박꼬박 배당을 주는 월배당 상품이라는 점이 매력적인 상품이면서 무엇보다 여러 차례의 경제 위기 상황에서도 꾸준히 배당을 지급해왔다는 점에서 투자자들에게 신뢰가 높다. 배당 수익률은 대체로 5~6% 정도인데 주가의 변동에 따라서 배당 수익률이 달라진다. 무려 30년간 배당성장이 있어 왔다는 점이 투자자들에게 크게 어필하는 부분이며 최근 5년 평균 배당 성장률은 3.6% 정도이다. 배당 수익률을 5~6%로 가정했을 때 1억을 투자하면 배당 소득세를 고려하지 않았을 때 연간 500~600만 원의 배당금을 받게 되고, 이는 월로 환산하면 매달 40~50만 원 정도가 된다. 내가 일일이 세입자와 대면하며 관리해야 하는 스트레스와 공실 등에 대한 걱정 없이 말 그대로 가만히 앉아서 꼬박꼬박 월세를 받을 수 있다는 것이 리얼티인컴의 가장 큰 매력 포인트이다.

3) 킹과 귀족의 세계, 개별 배당주

개별 배당주는 정말 다양한데, 다행히도 큰 틀에서 배당의 역사에 따라서 어느 정도 분류가 되어 있다. 미국은 수십 년간 배당을 꾸준히 늘려온 기업이 많다. 50년 이상 배당을 늘려온 기업을 '배당킹', 25년 이상 늘려왔으면서 S&P500 지수에도 속한 기업은 '배당

귀족'이라 부른다. 통상 10년 이상 배당을 늘려온 기업은 '배당 블루칩'이라 한다.

대표적인 배당킹 기업은 기저귀, 세탁 세제, 샴푸 등 다양한 생활용품 브랜드를 보유하고 있는 P&G다. 이 회사는 2025년까지 무려 69년 연속 배당금을 높였다. 워런 버핏이 투자하고 있는 코카콜라 역시 2025년까지 63년간 배당금을 증액한 대표적인 배당킹 기업이다. 이 밖에도 3M, 존슨앤존슨 등이 여기에 속하며 경기 침체, 금리 변화 등 외부적 요인과 무관하게 안정적인 배당 성장을 이어왔다는 점에서 극히 소수의 우량주만이 여기에 해당한다. 1973년의 오일쇼크, 2000년대 초의 닷컴 버블, 2008년의 금융위기, 그리고 2020년의 팬데믹과 같은 여러 경제적 충격과 위기를 견뎌내며 최소 50년(1973년 이후부터) 이상 꾸준히 배당을 증가시킨 대단한 기업들로, 무려 50년이라는 긴 역사가 있는 만큼 이름만 들어도 알 만한 익숙한 기업들이 많다.

배당귀족 기업은 배당 성장뿐만 아니라 반드시 S&P500 지수에도 편입되어 있어야 한다는 조건이 붙어 있는 것이 특징적이다. 대표적으로 맥도날드, 펩시, 월마트, IBM 등이 있다. 다음으로 배당 챔피언에 해당하는 기업이 있는데 10년 이상 배당을 늘려온 기업을 의미하기도 하고, 배당 귀족과 마찬가지로 25년 이상 배당을 늘려왔지만 S&P500지수에는 포함되지 않는 기업을 의미하기도 한다. 투자자 입장에서는 배당 챔피언까지 갈 것 없이 더욱 안정적인 배당킹과 배당귀족주 중에서 종목을 선택해서 포트폴리오를 구성하면 충분할 것이다.

4) 현금을 많이 주는 대신에 상승은 압수, 커버드콜

배당성장 ETF, 리츠주, 개별 우량 배당주 외에 최근 들어서 큰 사랑을 받고 있는 부분이 월배당 커버드콜 ETF 상품이다. 커버드콜(Covered Call)이란 콜옵션을 팔아서 추가 이익(프리미엄)을 내는 투자 기법인데, 사실 이렇게 이야기해도 이해가 가기는커녕 더욱 복잡하게 느껴질 것이다. 커버드콜에 대해서 자세히 설명하기보다는 간단하게 어떤 특성을 가지고 있는 상품인지에 대해서만 이야기하려고 한다.

커버드콜 상품의 경우 꾸준한 현금흐름을 제공하고, 변동성이 낮은 편이다. 나스닥, S&P500 등 대표 지수를 기반으로 하는 경우가 많다. 이러한 특성이 커버드콜의 명확한 장단점으로 나타나게 된다. 인기 있는 커버드콜 미국 월배당 ETF를 보면 높은 배당률을 자랑한다. 이 점이 투자자들이 가장 매력적으로 느끼는 부분인데 7~9%에서 많게는 10%가 넘기도 한다. 배당률이 높은 데다가 월배당 상품이다 보니 매달 배당금을 받는 재미가 쏠쏠하다. 게다가 하락장에서 방어력이 있다 보니 안정성이 있다. 반면 이 점이 가장 큰 단점이 되기도 한다. 변동성이 낮다는 것은 주가 상승 시에도 상승이 제한적이라 달콤한 수익률에 올라타지 못한다.

대표적인 커버드콜 미국 월배당 ETF로는 대중적으로 유명한 JEPI와 QYLD, XYLD가 있다. JEPI는 S&P500 지수를 따르는 ETF로 24년 11월 기준 최근 1년 배당 수익률은 7% 정도이다. XYLD 역시 S&P500 지수를 기초로 하며 같은 기간 배당 수익률은 약 9% 정도로 JEPI보다 조금 더 높다. QYLD는 나스닥 100 지수를 기반으로 하며 같은 기간 배당 수익률은 약 11%로 가장 높다. 커버드콜 ETF는 투자자산의 성장을 기대하기는 힘든 만큼 당장 은퇴를 앞두고 있다거나 하는 식으로 월 현금흐름이 시급할 때 활용하면 좋은 투자 상품이다.

지금까지 총 네 가지 분류로 미국 배당주의 세계에 대해서 알아보았다. 맛보기 느낌으로 간략하게 설명한 내용인 만큼 전체적인 그림을 이해했다면 보다 세부적인 내용은 관심사에 맞게 더욱 깊이 있게 공부하는 시간을 반드시 가져야 한다. 배당주 투자는 이제 거스를 수 없는 대세가 되어가고 있는 투자법인 만큼 은퇴를 앞두고 조금이라도 시간적 여유가 있을 때 미리미리 공부하고 익혀서 노후 생활의 든든한 동반자로 삼을 수 있기를 바란다.

배당주 투자에서 알아야 할 용어들과 예시!

☞ 배당금은 1주에 얼마나 배당을 해주는지를 의미한다.

예시) 예컨대, 배당금이 1,000원이라고 한다면 1주에 1,000원을 주는 셈이다.

☞ 시가 배당률은 기준이 되는 때의 주가 대비 배당금 비율을 뜻한다.

예시) 2024년 3월 29일을 기준으로 1주당 984원의 현금 배당을 결정한 기업은행은 당시 주가 1만 3,500원을 감안하면 시가 배당률이 약 7.3%이다.

☞ 배당 수익률은 내가 산 주가에 비해서 배당금을 얼마나 주는지를 의미한다. 투자자에겐 시가 배당률보다 더 의미 있는 지표이다.

☞ 이 밖에도 '배당성향'이라고 해서 회사에서 낸 이익 중 배당금을 얼마나 주는지를 나타내는 지표 역시 배당주 투자할 때 중요한 부분이다.

8 짜릿한 3배 레버리지 ETF 투자, 어떻게 해야 할까?

요즘 '저속 노화' 식단이라고 해서 노화를 늦추기 위한 저당 저염 식단이 유행이다. 웬만한 먹거리는 다 제로 슈가로 만들어서 '제로'라는 이름으로 출시된다. 심지어 '제로 젤리'라는 것까지 있다. 그런데 사람이 어떻게 늘 건강식만 먹으며 살 수 있겠는가. 가끔은 기름지고 맵고 짠 자극적인 맛의 향연인 음식이 나를 행복하게 할 때가 있고, 당 폭탄이라고 할 수 있는 달콤한 디저트가 지친 나의 마음을 위로해주는 날도 있다.

투자의 세계도 마찬가지이다. 머리로는 분명 미국 대표 지수를 추종하는 ETF가 그 어떤 투자보다 장기간으로 보면 높은 수익률을 안겨준다는 것을 알고, 느리지만 천천히 배당주를 모아가는 것이 나를 경제적으로 자유롭게 하리라는 걸 누구보다 잘 인지하고 있지만, 마음은 자꾸 엉뚱한 곳에 기울기도 한다. 특히 최근 몇 년간 국내 투자자들의 마음에 불을 지핀 종목이 바로 미국 대표 지수를 3배로 추종하는 ETF인 3배수 레버리지 ETF들이다.

하지만 투자의 세계는 냉정해서 짜릿한 3배수의 수익을 안겨주는 만큼 하락할 때도 똑같이 3배수로 내리꽂는 종목이라 수익이 큰 만큼 리스크도 상당히 높은 종목이기도 하다. 주가가 롤러코스터를 타는 만큼 투자자 입장에서 도파민이 폭발하는 ETF인데 어떻게 해야 투자의 재미도 느끼면서 자산도 지키고 불리는 방향으로 3배수 레버리지 ETF에 투자할 수 있을까?

먼저 국내 투자자들에게 인기 있는 3배수 레버리지 ETF로는 TQQQ, SOXL 등이 있다. 이름에서 알 수 있듯이 나스닥 지수를 1배수로 추종하는 ETF가 QQQ이고, 이를 3배로 추종하는 상품이 TQQQ이다. SOXL도 이름에 힌트가 있는데, 필라델피아 반도체 지수를 1배수로 추종하는 ETF가 SOXX이고 이를 3배로 추종하는 종목이 SOXL이다. 3배수 레버리지 ETF는 예를 들어서 나스닥 지수가 1% 상승하면 3% 상승하고, 반대로 1% 하락하면 3% 하락하는 구조이다. 자세하게 파고들면 조금은 다르지만, 이해를 돕기 위해서 쉽게 설명하자면 이런 흐름을 보인다.

1배수와 3배수의 중간격인 2배 레버리지 ETF들도 있다. QQQ를 2배로 추종하는 종목으로 QLD라는 종목이 있고, SOXX를 2배로 추

Direxion Daily Semiconductor Bull 3X Shares

44.21 USD

+43.57(6,807.81%) ↑ 전체기간

12월 24일 PM 5:00 GMT-5 · 면책조항

1일 | 5일 | 1개월 | 6개월 | 연중 | 1년 | 5년 | 최대

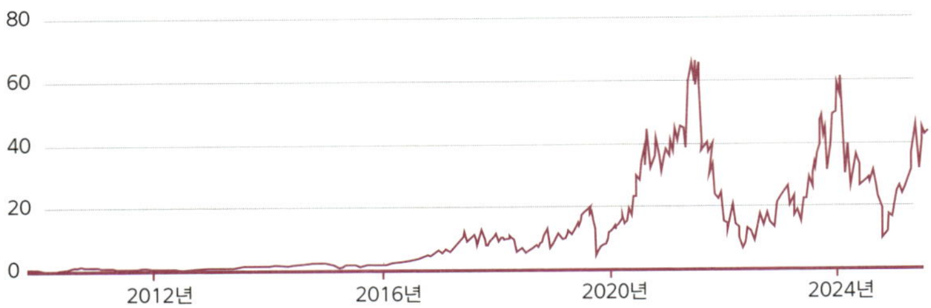

ProShares UltraPro QQQ

55.36 USD

+55.14(25,063.64%) ↑ 전체기간

폐장: 12월 24일 PM 5:00 GMT-5 · 면책조항

폐장 후 55.10 −0.26(0.47%)

1일 | 5일 | 1개월 | 6개월 | 연중 | 1년 | 5년 | 최대

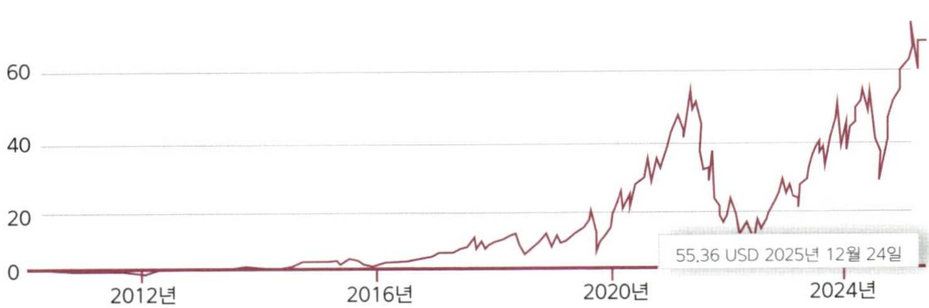

종하는 ETF로는 USD가 있다.

이 외에 개별 종목을 3배수로 추종하는 3배 레버리지 ETF들도 있는데, 대표적으로 한국인이 사랑하는 종목인 테슬라와 엔비디아의 경우를 살펴보자. 테슬라의 3배 레버리지인 ETF로는 TSL3라는 종목이 있고, 2배 레버리지 ETF는 TSLL이 있다. 엔비디아의 3배 레버리지 ETF로는 NVD3라는 종목이 있고, 2배 레버리지 ETF로는 NVDL이 있다.

테슬라와 엔비디아가 그동안 얼마나 많이 상승했는데 여기에 3배 레버리지까지 하면 수익률이 얼마나 어마어마할까 싶은 마음에 귀가 솔깃할 수도 있겠다. 하지만 개인적으로 이미 개별 종목을 선택함으로써 리스크를 어느 정도 감당하는 것인데 여기에 3배라는 리스크를 증폭시키는 장치까지 더해진 개별 종목의 3배 레버리지 ETF까지는 추천하지 않는다. 3배수 레버리지에 도전하더라도 지수를 추종하는 ETF 선에서 하는 것이 그나마 투자 성공의 확률을 높일 수 있지 않을까 한다.

1) 어떤 방식으로 3배수 레버리지 ETF에 투자해야 할까?

구체적으로 몇 가지 원칙을 정해놓고 그 틀 안에서 투자를 한다면 리스크 관리와 폭발적 수익이라는 두 마리 토끼를 모두 잡을 수 있을 것이다.

(1) 3배 레버리지 ETF에 초장기로 투자하는 것은 추천하지 않는다

한때 3배 레버리지 ETF에 장기로 투자해서 100배의 수익을 내라라는 식의 투자 조언이 유행하던 시기가 있었다. 그래서 나도 처음에는 단순하게 과거의 데이터와 주가 그래프만 보고 TQQQ와 SOXL 장기 투자로 100배 이런 꿈을 꾸었던 때도 있었다. 하지만 안타깝게도 데이터와 그래프에는 투자자들의 심리라는 요소가 빠져 있다. 이론상으로는 백번 지당한 말이지만 긴 시간 동안 3배로 격렬하게 움직이는 주가의 출렁임 속에서 심리적으로 버티기가 쉽지 않음을 깨달았다. 그 후로는 최소 1년에서 최대 2년 정도의 기간을 생각하고 3배수 레버리지 투자를 하고 있다. 단기투자를 하라는 말이 아니라 10년, 20년 이런 초장기 투자는 버티기가 현실적으로 쉽지 않다는 말이다.

(2) 리스크가 큰 종목인 만큼 감당할 수 있는 돈으로 감당할 수 있는 만큼만 투자해야 한다

투자하는 돈의 성격이 적어도 1년에서 길게는 2년 정도 버틸 수 있는 돈이어야 한다. 중간에 써야 하는 돈으로 3배수 레버리지 투자를 하게 되면 하락하는 지점에서 팔아야 할 수도 있으므로 수익을 내기가 쉽지 않다.

투자 비중도 일정 비율로 정해두는 것이 좋다. 내가 얼만큼의 비중을 감당할 수 있는지는 각자의 성향에 따라서 조절해야 할 부분이지만 대략적인 기준을 이야기해보자면, 3배수 레버리지 투자를 고려하고 있지만 기본적으로는 보수적 성향의 투자자라면 전체 투자 자산 중의 10% 정도의 비중을 넘지 않는 것이 좋겠다. 공격적 성향과 보수적 성향을 적절히 모두 가지고 있는 성향의 투자자라면 전체 투자 자산 중의 30% 정도까지는 감당할 수 있을 것이고, 아무리 공격적 성향의 투자자라고 해도 전체 투자 자산의 최대 50%는 절대 넘지 않기를 권한다.

물론 총 투자자산이라는 게 개인마다 모두 다를 텐데 1억 미만의 금액으로는 어느 정도 확신이 섰다면 큰 비중으로 투자해보는 것도 괜찮은 베팅이 될 수 있다. 다만 억 단위 이상의 투자자산은 거듭 신중을 기해서 한순간의 조급한 욕심으로 전체 투자를 그릇되게 하는 불상사를 막아야 한다.

(3) 반드시 기준을 세우고 매수, 매도를 진행해야 한다

주가 변동성이 큰 종목인 만큼 기준 없이 마음 가는 대로 매도하고 매수한다면 내 투자금이 녹아내리는 건 한순간이다. 매수의 기준은 "지수가 고점 대비 몇 퍼센트가 하락할 때 산다"라는 식으로 정해두어야 한다. 보통 S&P500 지수가 고점 대비 10% 하락하면 조정장, 20% 하락하면 약세장이라고 하는데, 조정장은 흔하게 발생하는 반면 약세장은 몇 년에 한 번 정도로 드문드문 온다. 이런 자료들을 참고해서 나만의 기준을 만들어야 하는데, 나의 경우에는 S&P500 지수와 필라델피아 반도체 지수의 중간 정도의 성격을 가진 나스닥 지수를 기준으로 삼고 이 나스닥 지수가 고점 대비 20% 정도 하락할 시에 매수를 시작한다. 지수가 반토막 난 것도 아니고 10%, 20% 하락할 때 매수하는 것이 "뭐가 어려울까?"라고 생각하겠지만 실제로 해보면 지수가 대폭 하락할 때 매수하는 것이 심리적으로 쉽지 않다. 더 떨어질 것 같은 공포감이 밀려오기 때문이다. 그래서 이런 수치상의 기준을 정해놓고 심리를 최대한 배제하고 기계적으로 대응해야 매수 시기를 놓치고 뒤늦게 후회하는 일 없이 만족할 만한 투자 수익을 낼 수 있다. 매수 시기를 정하는 데 도움이 되는 책으로는 『부자들의 3배수 ETF 투자 시크릿』이라는 책이 있는데 3배수 레버리지 ETF에 투자할 것이라면 꼭 한 번쯤 읽어보기를 권한다.

반대로 매도의 경우에도 나만의 매도 기준을 정해두어야 성급하게 매도하는 아쉬운 결정을 막을 수 있다. 리스크가 큰 만큼 목표 수익의 기준도 높게 잡아서 '적어도 100%의 수익을 보고 매도하겠다' 같은 기준을 미리 세워두어야 약간의 수익이 났다고 상승장의 초입에서 얼른 뛰어 내려버렸다가 두고두고 후회하지 않을 수 있다.

어떤 투자나 마찬가지겠지만 결국 중요한 것은 종목 그 자체가 아니라 '어떻게' 투자하느냐이다. 3배 레버리지 ETF에 투자하더라도 나만의 안전장치들을 튼튼하게 마련해놓고 투자한다면 리스크가 큰 종목이라 할지라도 얼마든지 만족할 만한 수익을 안겨줄 것이다. 그렇지만 3배 레버리지 투자는 어디까지나 긴 투자 생활의 양념, 조미료 같은 요소 정도로 활용할 것을 거듭 당부드리고 싶다. 레버리지 투자에 인생을 거는 무모한 선택은 지양하시는 것이 좋지 않을까 한다.

9 개별 종목 투자, 종목 발굴은 어떻게 하지?

얼마 전에 이런 기사 제목이 눈에 띄었다. 「500만 원 투자해 '아반떼' 뽑았다… "고마워 파산핑." 환호」라는 제목의 기사였다. 최근 몇 년간 아이들 사이에서 티니핑이라는 캐릭터가 열풍이었는데 이런 인기에 힘입어서 해당 기업인 에스에이엠지엔터테인먼트(SAMG엔터테인먼트) 주가가 1년 만에 약 4배로 뛰었다는 내용이었다. 바로 이 기사에 국내 개별 종목 투자의 실마리가 있다.

국내 개별 종목에 투자할 때는 이런 식으로 생활 속에서 투자 종목에 대한 아이디어를 찾는 것도 좋은 방법이다. 아무래도 미국 주식의 경우 개별 종목에 대한 정보나 아이디어를 접하기가 쉽지 않기 때문에 지수 추종 ETF나 검증된 배당주 위주로 투자를 진행하는 것이 안전하지만, 국내 개별 종목의 경우 눈을 크게 뜨고 찾아보면 일상생활 곳곳에서 투자할 만한 종목을 발견할 수 있다.

투자 전문가가 아닌 이상 미래를 이끌어갈 거창한 미래 산업과 관련된 기업 등을 찾는 건 쉽지 않은 일이다. 반도체, 조선, 화학 등 굵직한 산업들은 일상생활에서 쉽게 접근할 수 없는 산업이다 보니, 해당 산업에 대해 깊게 공부하지 않는 이상 제대로 이해하기가 쉽지 않다. 그보다는 생활 속에서 밀접하게 접하는 상품이나 콘텐츠들에서 투자할 종목을 발굴하는 것이 훨씬 현실성 있는 방법이다. 사람마다 일상생활의 관심사가 다르겠지만 나의 경우에는 주로 드라마나 영화, 연예 기사나 생활용품과 같은 분야에서 투자 아이디어를 얻는 편이다.

영화의 경우 〈기생충〉과 관련된 투자로 쏠쏠한 재미를 본 적이 있다. 당시 〈기생충〉의 아카데미 시상식 수상 여부가 연일 뜨거운 화제였다. 매일 기사가 쏟아져나왔는데, "수상을 하게 된다면 관련 종목들의 주가가 오를 것이다"라는 생각에 제작사인 바른손이앤에이에 투자했다. 매수 당시 주가가 2,000원이었는데 〈기생충〉이 예상보다 더 놀라운 성과로 아카데미 시상식 4관왕을 차지하면서 주가가 3,000~4,000원까지 상승했다. 결과적으로 3,200원에 매도할 수 있었다. 이런 투자는 마치 홀짝처럼 수상 여부를 100% 확신할 수 없어서 소액으로 소소하게 투자하는 게 좋다.

드라마는 〈부부의 세계〉와 관련된 종목에 투자해서 10% 정도의 수익을 본 적이 있다. 우연히 TV 채널을 돌리다가 〈부부의 세계〉 1, 2회를 보게 되었다. 평소 드라마를 즐겨 보는데 초반 1, 2회가 너무 몰입감이 있고 재밌었다. 소위 대박 나겠다 싶은 개인적인 느낌이 들어서 1, 2회 방영 후 제작사인 제이콘텐트리에 투자했다. 실제로 초반 6%이던 시청률이 마지막에는 28%까지 상승하면서 주가도 같이 상승했다. 31,000원에 매수해서 35,000원에 매도했는데 드라마를 보고 투자하는 건 어디까지나 개인의 취향과 촉에 따른 투자이기 때문에 큰 금액을 투자하는 것은 권하지 않는다.

물론 성공 사례만 있는 건 아니다. 〈아스달 연대기〉라는 드라마 관련주에 투자했을 때 일이다. 워낙 규모가 큰 드라마여서 개인적으로 방영 전부터 많은 기대를 하고 있었고, 이에 제작사인 스튜디오드래곤에 미리 투자했다. 첫 회를 시청하고 아쉽게도 기대만큼은 아니라는 생각이 들었다. 아니나 다를까, 이 부분이 시청률에도 고스란히 반영되어서 생각만큼 큰 인기를 끌지 못했다. 최종적으로 6% 정도의 손실을 보고 매도하게 되었다. 이런 식으로 드라마를 보고 투자를 하는 것은 리스크가 있는 투자이기 때문에 드라마도 보면서 돈도 번다는 마음으로 가볍게 투자해야지, 너무 큰 기대를 안고 투자금을 많이 투입하는 것은 신중해야 한다.

종종 연예 기사를 보고 투자를 하기도 한다. JYP엔터테인먼트의 해외 프로젝트와 관련된 기사를 보고 투자를 하기도 했었다. 당시

JYP엔터테인먼트에서 하는 일본의 여자 아이돌 그룹 프로젝트인 니쥬 프로젝트와 관련된 내용을 기사로 접하고 20,000원에 매수해서 30,000원 정도에 매도했던 경험이 있다.

주식 초보의 경우 개별 종목을 발굴하는 건 나의 영역이 아니다 싶고 너무 어렵게만 느껴지는데, 이런 식으로 생활 속에서부터 차근차근 접근하면 의외로 생각보다 많은 곳에서 주식 투자의 팁을 찾을 수 있을 것이다. 또 이런 시각을 가지려고 노력하다 보면 일상을 바라보는 눈도 투자자의 시선이 한 스푼 더해져서 그냥 흘려보내거나 지나치던 일상 자체가 훨씬 흥미 있게 느껴질 것이다.

끝으로 앞에서는 미국 대표 지수를 추종하는 ETF나 안정적인 배당주 투자를 열심히 설명하다가 갑자기 국내 개별 종목 발굴 팁을 꺼내 들어서 혼란스러운 독자들이 있을 수 있다. 초보자가 하기에 안전한 투자법은 분명히 지수 추종 ETF와 배당주 투자가 맞다. 다만 이 두 투자법은 천천히 느리게 흘러가는 거북이 같은 투자법이다 보니 중간중간 지루하게 느껴지기도 하고, 투자의 재미가 좀 떨어지는 건 사실이다. 이럴 때 투자법 자체를 갑자기 변경하기보다는 메인 음식 옆에 나오는 사이드디시 같은 느낌으로 메인 투자 외에 3배수 ETF 투자나 국내 개별주 투자와 같은 투자법도 같이 해나가면 좋다는 것이다. '사이드 투자'라는 것을 기억하고 소액으로 이런 투자들을 중간중간 하게 되면, 긴 투자 생활을 이어나갈 수 있는 소소한 활력소가 되어줄 것이다.

10 반드시 지켜야 할 주식 투자 원칙

대단한 투자는 아니지만, 한낱 개인 투자자로서 지난 10년 동안 적어도 투자에 실패하거나 크게 손해 본 적은 없었다. 큰 수익이 나지 않은 투자도 물론 있었지만 10년간의 투자 생활 동안 타격이 있을 만큼 돈을 잃은 적은 없었다. 전설적인 투자가 워런 버핏의 유명한 명언 중 하나가 첫 번째, "절대로 돈을 잃지 마라", 두 번째, "첫 번째 규칙을 잊지 마라"인 것을 떠올린다면 지금까지는 어느 정도 성공적인 투자를 이어나가고 있는 셈이다. 경험상 개미 투자자가 시장에 오래 살아남아서 수익을 내기 위해서는 몇 가지 원칙을 반드시 지켜야 한다. 실제로 투자 생활 동안 꾸준히 지켜온 나만의 다섯 가지 원칙을 소개해보려 한다.

1) 주식 투자로 매달 생활비를 벌겠다는 생각은 버려야 한다

가끔 초심자의 행운으로 주식을 시작한 지 얼마 안 됐을 때 수익을 내게 되면 갑자기 머릿속이 바빠지는 사람들이 있다. 이 돈으로 이만큼의 수익을 낼 수 있으면 자본을 더 투입해서 '이렇게 투자하면 잘하면 주식 투자로 매달 생활비를 벌 수 있겠는데?'라는 생각이 드는 것이다.

딱 잘라 말하지만, 굉장히 무모하고 위험한 생각이다. 물론 주식 투자를 업으로 삼고 투자를 통해서 생활비를 충당하는 전업 투자자들도 있다. 여기서는 일반적인 개미 투자자들이 지켜야 할 내용을 말하는 것이니 오해가 없길 바란다. 더불어 배당주 투자를 통해서 매달 시스템적으로 현금흐름이 발생하는 투자도 제외하고 이야기하는 것이다. 배당주 투자는 내가 매달 공부하고 결정하는 데 에너지를 써서 선택해야 하는 투자법이 아니기에 경우가 다르다.

매달 매수 매도를 통해서 생활비를 벌어보겠다는 알량한 생각을 버리자는 말이다. 워런 버핏도 연평균 수익률이 20% 정도이다. 주식 시장은 그런 무시무시한 곳이다. 이런 곳에서 매달 빠짐없이 수익을 내면서 생활비를 벌어보겠다는 생각은 무모하기 그지없다. 정보나 자본력에서 모두 밀리는 개인이 시장에서 이길 수 있는 투자법은 장기투자가 유일하다. 매달 단기 투자로 평생 생활비를 벌었다는 투자자는 전설적인 투자자 중에서도 본 적이 없다. 내가 그 희박한 확률을 뚫고 전설적인 인물이 되어보겠다는 쓸데없는 야망은 품지 않는 것이 좋다.

2) 빚을 내서 하는 주식 투자는 금물이다

투자의 경험이 오랜 세월 동안 쌓여서 소위, 고수가 되었다면 때에 따라서는 빚을 활용해서 투자할 수도 있을 것이다. 하지만 초보자에게는 빚을 내서 하는 주식 투자는 절대 추천하고 싶지 않다. 모든 투자가 마찬가지겠지만 주식 투자에서 중요한 건 제대로 된 종목을 골라서 싸게 산 후, 원하는 수익률이 달성될 때까지 기다리는 것이다. 그런데 주식의 경우 매일 시장이 열리고 끊임없이 그래프가 움직이는 데다가 원하면 언제든지 클릭 한 번으로 매도가 가능하다 보니 이 '기다림'이 쉽지 않다.

빚을 내지 않았더라도 초보자에게 가장 어려운 것이 기다림이다. 만약 투자금이 빚을 통해서 마련된 것이라면 버티기는 몇 배로 더 어려워진다. 따라서 빚을 통해서 투자금의 규모를 늘려서 빠르게 더 큰 수익을 보고 싶은 조급한 마음을 내려놓고, 적은 금액이라도 느긋하게 버틸 수 있는 순도 100%의 내 돈으로 진득하게 기다려서 수익을 보는 경험을 쌓아나가야 한다.

빚투를 하다가 심리를 견디지 못하고 주식 초보자가 몇 번의 실패를 맛보게 되면 안 좋은 기억만 가지고 주식 시장을 영영 떠나버리게 된다. 느리지만 단단히 내공을 쌓아나간다는 생각으로 빚투는 하지 말아야 한다.

3) 유행하는 주식은 사지 말자

불과 몇 년 전, 2차전지와 전기차 관련 종목들이 붐이었던 때가 있었다. 국내외 2차전지는 물론 특히나 TIGER차이나전기차 SOLACTIVE라는 ETF가 많은 사람에게 굉장히 사랑을 받았다. 개인적으로도 당시에는 전망이 괜찮다고 생각해서 유튜브에 소개하기도 했고 투자도 했는데, 결과적으로 큰 수익은 보지 못하고 매도하게 되었다. 매도 사유는 부동산 매매와 관련한 비용을 마련하기 위함이었지만 결과적으로는 잘한 선택이 되었다. 그 후에 급격히 하락하면서 아직까지 한때 그렇게 뜨거웠던 2차 전지와 차이나전기차 ETF의 주가를 회복하지 못하고 있다.

이때 깨달은 것이 유행하는 주식은 사지 않는다는 것이다. 유행하기 전에 스스로 공부를 통해서 해당 종목을 발견한 것은 의미가 있지만, 유행이 막 번지기 시작하거나 이미 붐의 정점일 때 새롭게 진입하는 것은 바람직하지 않다. 이미 나까지 알았으면, 전 국민이 다 알 정도면 그 종목은 끝물에 가까워졌을 가능성이 많다.

더 예전으로 거슬러 올라가자면 2000년대에 BRICs 펀드라는 것이 한창 유행이던 때가 있었다. 브라질과 러시아, 인도, 중국이 신흥 경제 대국으로 성장할 것이라는 장밋빛 전망과 함께 많은 투자금이 몰렸었는데, 결과적으로 중국은 어느 정도 성장했지만, 인도는 십수 년이 지난 지금에서야 조금씩 빛을 보는 정도이다.

이런 식으로 전통적인 투자처 외에 갑작스럽게 많은 사람에게 주목을 받으면서 투자금이 짧은 시간에 몰리는 상품들은 신중하게 접근하는 것이 바람직하겠다.

4) 모르는 것에는 투자하지 않는다

나는 무조건 내가 잘 아는 것만 투자한다. 대표적인 예가 코인이다. 주식은 아니지만 많은 사람이 투자 대상의 하나로 고려하는 품목이다. 코인이 대중적으로 조금씩 알려지기 시작했을 초창기에 코인을 접하고 소액 투자를 했었다. 나름대로 머리를 굴려서 당시에 비트코인은 어느 정도 상승을 한 상태라 알트코인이라 불리는 비트코인 외 가상자산에 투자했다. 지금은 알트코인 중에서도 주요한 코인들은 어느 정도 투자자들에게 인정받는 자산이지만 당시에는 정말 생소한 투자 대상이었다.

얼마 지나지 않아서 짧은 시간에 소형차 한 대 정도의 수익이 발생했는데 문제는 이 자산에 대해서 알고 투자한 것이 아니어서 매도 시기를 알 수가 없었다. 너도나도 투자한다는 유행에 편승해서 막상 매수는 했는데 모르는 분야다 보니 매도할 타이밍을 놓치고 말았다.

결국 큰 재미는 보지 못하고 다시 하락했을 때 매도하게 되었다.

이 경험 이후로 온 나라가 코인으로 떠들썩해도 코인에는 투자한 적이 단 한 번도 없다. 잘 알지 못하는 대상에 투자하게 되면 주변의 이야기를 듣고 '매수'까지는 진행할 수 있어도 정작 중요한 '매도' 타이밍을 판단하기가 쉽지 않다. 따라서 아무리 뜨거운 투자 대상이라고 해도 공부가 되어 있지 않은 것에는 투자하지 말자.

앞에서 언급한 네 가지 원칙이 '잃지 않는 투자'를 위해서 중요한 부분이었다면 마지막으로 이야기할 원칙은 수익을 내는 데 도움이 되는 부분이다.

5) 매수·매도 시 VIX지수를 참고한다.

일명 공포지수라고 불리는 지표를 참고하는 것으로 흔히들 공포에 사서 탐욕에 팔라고 하는데, 도대체 언제가 공포이고 언제가 탐욕의 시기인지 개인이 그 타이밍을 어떻게 알 수 있겠는가? 누군가 "지금이야!"라고 말해주면 참 좋겠지만, 고맙게도 이런 시장의 공포를 수치로 표현한 것이 바로 VIX지수이다. 정확한 명칭은 변동성지수(Volatility Index)로, 향후 30일간 시장의 변동성을 예상해서 수치로 나타낸 것이다. 주가가 위아래로 얼마나 크게 움직일지에 대한 시장의 기대치를 반영하므로 시장의 공포를 확인하는 데 큰 도움이 된다.

보통 VIX지수가 20 미만이면 시장이 안정적인 상태라고 보고, 20~30이면 변동성이 다소 높아진 상태, 30~40 이상이면 변동성이 극심한 상태, 즉 시장의 불안감이 매우 커진 상태로 해석한다. 실제로 2001년 9·11테러 직후나 2002년 IT 버블 붕괴 시, 2008년 글로벌 금융위기 때나 2020년 코로나 팬데믹 초기와 같은 시기에 지수가 치솟으며 시장이 불안과 공포에 휩싸였음을 보여주었다. 투자자라면 지금까지 이런 데이터들을 참고해서 실제 매수·매도 시 잘 활용해야 한다.

여기에 지수 추종 ETF에 투자하는 경우에는 지수가 고점 대비

주식 시장 요약〉 뉴욕 주식시장 변동성 지수 (출처: Google Finance)

10% 하락하면 조정장, 20% 하락하면 약세장이라는 것도 알아두면 좋다. 이 두 가지 지표를 참고해서 지수가 고점대비 10~20%, 또는 그 이상 하락하면서 VIX지수가 평소와 달리 급격히 상승하는 시기가 온다면 공포심을 누르고 매수를 진행해야 한다. 이렇게 해두면 다시 미국 대표 지수와 VIX지수가 안정을 찾아가는 시기에 계좌의 수익률도 활짝 웃고 있을 것이다.

결론적으로 잃지 않는 투자를 위한 네 가지 원칙과 수익을 내기 위한 한 가지 원칙을 말했는데, 그만큼 주식 투자에서는 시장의 큰 변동성 앞에 내 돈을 잘 지키면서 잃지 않는 것이 무엇보다 중요하다. 평소에는 내 돈을 안전한 방식으로 안전한 곳에 잘 두었다가 또 결정적인 시기가 왔을 때는 과감한 투자를 통해서 수익률을 극대화하는 전략으로 투자를 진행하면 시장에 오래도록 살아남는 투자자가 될 수 있을 것이다.

11 본업으로 바쁜 와중에 경제 흐름을 살펴보는 방법

매일 지옥철로 출퇴근을 하고, 온종일 일과 사람 스트레스로 격무에 시달리다가 퇴근 후 집으로 돌아오면 충전기 선을 뽑아버리듯이 그저 나 자신을 OFF해두고 싶은 사람들이 많을 것이다. 꼭 출퇴근을 하는 직장인이 아니더라도 프리랜서, 자영업자, 학생, 주부 등 모두가 각자의 자리에서 자신에게 주어진 본분을 낮 동안 다 하고 나면 저녁에는 조금 쉬고 싶은 마음이 드는 게 당연하다. 그러나 주변에서 부동산으로, 주식으로, 코인으로 너도 나도 돈을 벌었다는 이야기를 들으면 나도 경제와 재테크 공부가 하고 싶어진다. 하지만 처음에는 재테크 공부라는 것을 어디서부터 어떻게 해야 할지 참 막막하다.

이럴 때 가장 많이 시도해보는 것이 경제 기사 읽기이다. 요즘은 종이 신문은 잘 보지 않기도 하거니와 갑자기 안 하던 사람이 매일매일 경제 기사를 챙겨본다는 것이 쉽지는 않다.

게다가 투자를 하는 데 있어서 꼭 매일매일의 경제 기사를 모두 알고 있을 필요도 없다. 전문 투자자가 아닌 그저 나의 자산을 불리기 위해서 투자에 관심을 가지는 개인 투자자의 경우 전체적인 경제 흐름을 감을 잃지 않고 잘 인지하고 있는 정도면 충분하다.

그래서 추천하고자 하는 방법이 바로 경제 주간지를 보는 것이다. 경제신문사에서는 매주 주요한 경제 관련 기사들을 보다 심층적으로 다룬 주간지를 발행한다. 개인적으로는 매일경제에서 나오는『매경이코노미』라는 주간지를 몇 년째 꾸준히 구독하고 있는데 바쁠 때는 제목만 전체적으로 훑어보기만 해도 큰 도움이 된다. 특히나 일간지의 개별 기사들보다는 아무래도 일주일이라는 시간 동안 해당 기사에 대해서 준비할 시간이 더 많이 주어지다 보니 기사의 내용이 조금 더 깊이가 있다. 사실 위주의 전달에서 그치지 않고 원인과 현재 상황, 앞으로의 전망 등이 보다 짜임새 있게 담겨 있으며 다양한 시각으로 내용에 접근한다. 그래서 오히려 스스로 분석할 능력이 아직 미흡한 초보자 입장에서는 사실 위주의 일간지 기사보다 분석적 시각을 기르는 데 더 도움이 된다.

주간지 구독이 조금 더 클래식한 방법이라면 주요 경제기사들만 빠르게 살펴볼 수 있도록 정리해놓은 앱을 이용하는 방법도 있다.

“일일이 경제 기사를 다 찾아보기에는 시간도 없고 번거로운데, 누가 주요 경제 기사를 매일 살펴보고 오늘의 주요 경제 뉴스 TOP 10을 따로 정리해줬으면” 하는 생각을 한 번쯤은 해봤을 것이다. 그런데 찾아보면 실제로 이런 아이디어를 구현한 앱이 있다. 이런 앱을 이용해서 효율적으로 간단하게 경제 기사를 매일매일 확인할 수도 있다.

이렇게 큰돈을 들이지 않고도 간단한 방법으로 경제 흐름을 확인하는 방법들이 있는데, 재테크 초보자들의 경우 돈 공부 한번 제대로 해봐야겠다는 의욕이 앞선 나머지 각종 비싼 강의를 덜컥 수강하는 경우가 꽤 많다. 이런 비용은 나를 위한 투자라는 생각에 꽤 부담되는 액수를 결제하고도 오히려 뿌듯하게 생각하는 경우가 많다. 그러나 종잣돈을 모으는 단계에 있는 재테크 초보자들이 시작부터 비싼 강의를 듣는 것은 그다지 추천하고 싶지 않다.

앞에서 언급한 경제 주간지 보기나 앱을 활용하는 방법 외에도 요즘은 조금만 손품을 팔면 무료로 제공되는 양질의 콘텐츠가 널려 있다. 유튜브 영상을 찾아보는 것도 하나의 방법이다. 또 인스타그램이나 블로그 등 각종 SNS에서 좋은 정보를 얼마든지 습득할 수 있다. 그래도 강의를 통해서 체계적으로 배우고 싶다면 부담되지 않는 선에서 저렴한 강의도 얼마든지 많이 있으며, 가장 저렴하면서 알찬 교재인 ‘책’을 통해서 깊이 있는 정보를 접할 수도 있다.

물론 비싼 강의를 수강하는 것에 무조건 반대하는 것은 아니다. 내가 가진 자산이 어느 정도가 되었을 때 고민이 되는 부분을 해결해 주거나 조언을 해주는 강의를 통해서 내 자산을 잘 지키거나 또는 불릴 수 있다면 강의료의 몇 배에 해당하는 이득을 얻는 것이니 잘 활용하면 큰 도움이 될 것이다.

그러나 아이러니하게도 이제 막 종잣돈 모으기를 시작하면서 나의 재테크 단계에 맞지 않는, 한마디로 지금은 들어도 당장 실행할 수도 없는 내용을 담고 있는 강의를 수강하느라 큰돈을 지출하는 것은 바람직하지 않다는 것이다. 예를 들어서 아무리 훌륭한 부동산 강의를 수강했다 한들 머릿속에 온갖 지식이 쌓여 있어도 결국 내 수중에 투자할 종잣돈이 없으면 무용지물이라는 것이다.

재테크를 하다 보면 정보와 노하우가 필요할 때가 있고, 방법은 단순한데 그저 우직하게 실행하는 것이 중요한 때가 있다. 따라서 자신의 단계에 맞는 방식으로 적합한 내용을 공부해야 그 효과가 배가 될 것이다.

\\\\\\ 마치며 \\\\\\

결국 '일단 시도'하고 '꾸준히' 하는 것이 답이다!

흔히들 인생에는 정답이 없다고 하지만 우리가 평범한 행복을 누리기 위해서 갖추어야 할 인생의 삼각형이 있다고 생각한다. 돈과 건강, 그리고 가족을 비롯한 관계이다. 이 세 가지 중에서 어느 하나가 부실하거나 휘청거리면 인생의 행복이라는 삼각형이 완성되지 않는다. 따라서 이 세 가지 부분의 균형을 잘 이루도록 노력하는 것이 정말 중요한데, 이 책에서는 이런 의미에서의 돈 관리법을 다루려 애썼다. 돈만 지나치게 맹목적으로 좇다가 건강을 잃거나 또는 가족을 돌볼 여유조차 없는 방식의 재테크가 아닌 이 세 가지를 균형 있게 가져갈 수 있는 건강하고 행복한 인생을 위한 재테크 방식을 이야기하고자 했다.

사실 이 치열한 자본주의 사회에서 돈과 관련된 부분에서 뾰족하게 우뚝 솟으려면 본업 그 자체 또는 부수입, 투자 중 어느 한 분야에만 모든 에너지를 쏟아부어서 압도적인 성과를 내야 한다. 그런데 한곳만 바라보고 경주마처럼 달리다 보면 돈에 있어서 목표는 달성하게 될지 몰라도 인생의 어느 한 부분에서 분명히 구멍이 나게 마련이다. 사람이 가진 에너지라는 것이 무한대가 아니기 때문이다.

따라서 어느 한 분야에서 최고의 성과를 내지 않더라도 두루두루 내가 할 수 있는 선에서 다양한 것들을 '일단 시도'하되 포기하지 않고 '꾸준히' 하다 보면 '어느 정도의 성과'는 누구나 낼 수 있다는 이야기를 담고자 했다. 이는 실제 나의 경험담이기도 하다. 개인적으로 '문어발식 재테크'라는 이름을 붙였는데 부수입도, 주식 투자도, 부동산 투자도 어느 한 부분에서 눈부신 성과를 이룬 것은 아니지만 일단 모두 시도했고, 시작했으면 중간에 그만두지 않고 '꾸준히' 해나갔더니 여러 분야의 성과들이 모여 자본주의 사회에서 어느 정도의 안전판을 마련하게 되었다. "이런 방법이 가진 재능도 자본도 평범한 많은 사람에게는 더 현실적으로 와닿지 않을까?" 생각하면서, 느리더라도 안전하고 단단한 방식으로 돈을 모으고, 더 벌고 불리는 나름의 방법들을 담았다.

1억 모으기부터 SNS를 통한 부수입 벌기, 부동산과 주식 투자에 이르기까지 다양한 이야기를 다루었는데, 솔직히 이렇게 하면 무조건 된다고 말은 못하겠다. 1억 모으기 정도는 나의 의지만으로 할 수 있는 영역이지만 불특정 다수의 선택을 받아야 하는 SNS에서 부수입 벌기와 전 세계 경제 사이클이 맞아떨어져야 하는 부동산과 주식 투자는 나의 노력만으로 누구나 만족할 만한 성과를 낼 수 있는 분야는 아니다. 특히나 투자의 영역에서 전 세계 경제 사이클과 우리나라 부동산 가격의 움직임을 내가 예측해서 움직일 수 있다는 것은 사기꾼에 가까운 발언이다.

다만 우리가 할 수 있는 것은 내가 조금씩 키워가는 SNS가 알고리즘의 선택을 받는 그 순간, 또는 나의 자산들이 부동산이나 주식의 상승장과 만나는 그 순간을 위해서 내가 할 수 있는 사전작업을 최대한 해보는 것이다. 어차피 한 번 사는 인생, 되든 되지 않든 일단 시작했으면 꾸준히, 열심히 하는 거다. 이렇게 지치지 않고, 좌절하지 않고 계속하다 보면 커다란 운이 어느 순간 나에게 와서 찰싹 달라붙는 순간도 있을 것이다.

우리 가족이 늘 마음에 새기는 말이 있는데 바로 '인생은 긴 수험생활'이라는 것이다. 학창시절 대입 입시를 치러본 사람이라면 알 것이다. 중간고사 기말고사와 같은 내신 시험은 반짝 벼락치기로도 성과를 낼 수 있지만, 최종 관문인 대입은 벼락치기로 원하는 결과를 절대 얻을 수 없다. 길게는 초등학교 6년, 중고등학교 6년 총 12년의 시간이 쌓이고 쌓여서 각자의 수험 생활의 성적표를 만나게 되는 것이다. 하물며 12년의 결과인 대입도 이러한데, 20년, 30년 계속해야 하는 재테크에 있어서 많은 사람이 너무 조급하다.

인생은 긴 수험 생활이라는 말을 한 번쯤 상기시키면서 조급함을 내려놓고 대신 그 자리에 우직한 꾸준함을 채우면 적어도 10년은 해야 하는 재테크를 대하는 마음이 한결 편안해질 것이다. "재테크는 평생의 동반자 같은 존재다"라는 생각으로 긴 호흡으로 시작하시길 꼭 당부드리면서, 이 책을 보시는 분들이 돈 걱정을 아예 안 하고 살 수는 없겠지만 적어도 조금이라도 덜어내고, 또 돈에 휘둘리지 않는 단단한 삶을 살아갈 수 있게 되길 진심으로 바란다.

끝으로 이 책이 나오기까지 많은 도움을 준 사랑하는 남편과 결혼 10년 만에 와준 세상에 둘도 없는 보물 1호, 나의 천사 우리 딸 채린이에게 깊은 감사의 마음을 전한다.